Cellness Liebe

Elisa Dorandt

Living Wellness schafft Lebenskraft

Elisa Dorandt

FRIELING

Bibliografische Information der Deutschen Nationalbibliothek
Die Deutsche Nationalbibliothek verzeichnet diese Publikation in der Deutschen
Nationalbibliografie;
detaillierte bibliografische Daten sind im Internet über http://dnb.d-nb.de abrufbar
© Frieling-Verlag Berlin • Eine Marke der Frieling & Huffmann GmbH
Rheinstraße 46, 12161 Berlin
Telefon: 0 30 / 76 69 99-0
www.frieling.de

ISBN 978-3-8280-2538-7
1. Auflage 2007
Umschlagidee: Elisa Dorandt und Cornelia van Laar
Logo „Lebe CELLNESS": © Elisa Dorandt
Sämtliche Rechte vorbehalten
Printed in Germany

Diese neue Lebens-Art fasziniert mich!

Vorgeschichte von Nektaria Efstathiou

Ich sehe Elisa das erste Mal, als ich meine Mutter in ein Vorstellungsgespräch begleite.

Dort arbeitet sie emotional mit einer Frau.

Danach liegt sie erschöpft, doch glücklich und erfüllt auf dem Sofa.

Komisch, was machen die da?

Die können hier in diesem schönen Ambiente doch nicht so emotional sein und laut schreien!

Das darf man doch nicht!

Ich weiß, hier geschieht etwas Neues, etwas Anderes, und ich spüre, dass es etwas Schönes ist!

Das interessiert mich, und ein halbes Jahr später treffe ich Elisa wieder, weil ich mehr von ihrer Arbeit wissen will.

Damit ich weiß, worum es geht, gibt sie meiner Mutter ihr Buch mit, das ich neugierig in zwei Tagen verschlinge!

Ich glaube nicht, was ich da lese, und erzähle meiner Mutter Elisas Geschichte vom Autounfall und dem Rollstuhl.

Sie sagt: „Du sprichst von einer anderen Frau, das war doch nicht Frau Dorandt. Sie ist ganz normal, läuft und turnt da herum."

Ihr Temperament, ihr Aussehen und ihre Kraft begeistern mich.

Ich kenne es nicht, dass Leben so gezeigt wird.

Sie spricht und lebt offen, das irritiert mich am Anfang.

Ich bin jetzt öfter bei Elisa und höre mir viele Gespräche an.

Was ich hier erlebe, ist nicht erklärbar, doch wunderschön!

Sie arbeitet mit Menschen, die Partnerschaftsprobleme oder Lebenskrisen haben. Ich sehe dicke, dünne, kluge, dumme, aggressive und kranke Menschen bei ihr.

Bei jedem kommt sie mit ihrer offensiven Art direkt auf den Punkt.

Auch kommen Ehepaare, die völlig durcheinander oder zerstritten sind, die sich den Schnee von gestern vorwerfen oder den Rest ihrer Liebe retten wollen!

Eines Tages macht mir ein junger Mann mit seinen wirren Augen richtig Angst. Ich erschrecke, wie er sich Elisa packt.

Er reißt sie in seine Arme und begrüßt sie herzlich.

Panisch denke ich: „Hoffentlich tut er ihr nichts!"

Sie geht nicht in Resonanz mit ihm, erkennt den Wahn direkt, und in diesem Moment ist auch meine Angst wie weggeflogen.

Auch ich hätte nie geglaubt, wie viele Frauen Krebs als Rachefeldzug benutzen und ihre Männer „unbewusst" bestrafen.

Es beginnt oft mit Migräne, Medikamenten, Alkohol, und wenn das nicht reicht, kommen Krebs oder andere Hämmer.

Ich lese den Bestseller von Eva Maria Sanders „Ich hatte Krebs und wurde gesund" und auch von Cornelia van Laar „Ich hatte Krebs und fand mein Juwel".

Beide Frauen haben mit Elisa gearbeitet und die Faszination ihrer Arbeit genutzt. Sie sind ihren Krebs losgeworden.

Ich treffe Gabi und andere Menschen, die mit Krebs Elisa aufsuchten und danach in ihrem Lebenschaos aufräumten.

Es ist alles sehr außergewöhnlich, was ich hier erlebe!

Aber so verdreht habe ich ja auch vor Jahren gedacht, nachdem mein Mann mich verlassen hat.

Aus Wut wurde ich immer fetter, frustrierter und habe ihm sogar unser Kind entzogen!

Durch Elisas Arbeit begreife ich meine dummen Spiele und baue mir mit unserem Kind wieder ein schönes Leben!

Endlich verstehe ich, warum Elisa bei ihrer Herkunft, körperlicher Behinderung und Lebenskrise nicht fertig mit der Welt ist, nicht verbittert am Leben verzweifelt, sondern das Leben mit seinen vielen Facetten nutzt!

Statt im Rollstuhl sitzen bleiben, hat sie heute mit über 50 Jahren noch eine tolle Figur.

Sie wirkt mit ihren langen blonden Haaren und ihrem jugendlichen Temperament auf mich wie ein junges Mädchen.

Selbst bei einem diagnostizierten Bandscheibenvorfall, bei dem sich jeder „normale Mensch" wochenlang krankschreiben lassen würde, schreit sie auf dem Gymnastikball ihren Schmerz offen in die Welt, andere nehmen Tabletten.

Obwohl sie nicht einmal eine Tasse halten kann, fliegt sie am nächsten Tag in Begleitung nach Mallorca und hält ihren geplanten Kurs.

Sie arbeitet 16 Stunden am Tag und die Kursteilnehmer sehen, dass sie manchmal blass wirkt.

Als sie ihnen erzählt, dass sie einen akuten Bandscheibenvorfall hat, lachen alle ... das glaubt ihr keiner!

Sie identifiziert sich nicht mit ihren Schmerzen, sondern reinigt ihre emotionale Datenbank damit.

Wow ... so lassen sich Schmerzen auflösen?

Opferrolle

Wenn mich die Menschen mit so viel Müll konfrontieren würden wie Elisa, wäre ich schon durchgedreht oder krank.

Doch sie sieht jeden Menschen in seiner Schöpferbasis.

Geduldig hört sie sich die Gespräche oder das Jammern an, doch sie leidet nicht mit, weil sie nicht mit ihnen in Resonanz geht. So macht sie ihnen die Projektionen bewusst und ist nach Stunden immer noch genauso gelassen und fit wie vorher.

Wie schützt sich Elisa … wie hält sie das aus?

Warum identifiziert Sie sich nicht mit anderer Leute Problemen?

Am Anfang hat Elisa mich mit ihrer direkten Sprache irritiert, doch heute habe ich Spaß damit.

Sie bittet keinen Menschen, sondern gibt Aufträge.

Sie spricht kein semantisches **zu**, weil sie ihre Cellen **offen** hält.

Das gibt auch Ihnen bereits beim Lesen neue Impulse in die Cellen.

Cellen schreibt sie mit C, weil das C eine höhere Frequenz als ein Z hat.

Ihr geht es bei jeder Silbe, bei jedem Wort um die Schwingung der Frequenz!

Wie bei einem Musikinstrument schwingt jede Celle in Resonanz mit dem gesprochenen Wort.

Sie dankt „nur" sich selbst, damit ihre Cellen kein Leben verlieren.

Deshalb wollen kleine Kinder nie freiwillig „Danke und Bitte" sagen.

Natürlich kennt Elisa die deutsche Grammatik, doch hat sie sich eine cellbewusste Grammatik kreiert.

Hier erlebe ich „wahre Nächstenliebe"!

Als Griechin bin ich mit der Mentalität aufgewachsen, dass „man" sich opfert und hilft, immer für den anderen da ist!

In jeder Minute höre ich, dass Elisa anders denkt und redet.

Sie spricht immer lebendig und benutzt keine Floskeln, spricht aus dem Augenblick und sieht bei jedem Menschen das schöpferische ICH.

Ich fühle mich gut und leicht in ihrer Umgebung, weil sie nicht in Leid und Schuld lebt. Hier geht es einfach ums Erleben!

Neue Idee

Eines Morgens sieht Elisa wie neu aus.

„Was ist passiert?", frage ich sie und sie erzählt mir begeistert von ihrem CELLNESS.

Ich sehe schon nach drei Tagen, dass sich ihr Körper gereinigt, entschlackt und sichtbar neu gebaut hat!

Ihre Hose sitzt locker um die Hüfte.

Ich denke: „Elisa hat ja gut reden, die hat kein Übergewicht und noch nie eine Diät gemacht. Das ist alles schön und gut, aber so easy werde ich meine 20 Kilo Übergewicht nicht los.

Ich habe schon viele Diäten hinter mir, habe alles ausprobiert, doch was Elisa da erzählt, klappt bei mir niemals."

Langsam begreife ich, ihr CELLNESS ist eine wahre Lebens-Art!

Bei Diäten gibt es Verbote, Entzug und Mangel, doch viele landen irgendwann wieder in der Sucht, im Jo-Jo-Effekt!

CELLNESS wirkt aus der Basis der Celle, aus der Fülle!

Hier ist essen wirklich ein Genuss der Sinne, und damit wird eine neue Ordnung im Körper hergestellt.

Es wirkt von innen als gigantisches Bodyforming …

Wow … das ist wahrer Lifestyle!

Ich bin begeistert … das macht mich neugierig …

Jetzt will ich alles genau wissen, statt mich noch länger durch Diäten quälen, hungern und leiden und mich für mein Aussehen schämen!

Obwohl ich das alles erlebe und genau weiß, dass CELLNESS das Richtige für mich ist, treffe ich Kathrin und lasse mir von ihr Metabolic Fit erklären.

In ihrer Beratung erzählt sie mir immer wieder, wie schwerfällig mein Stoffwechsel ist und dass Abnehmen für mich sehr schwierig wird, weil ich schon so viele verschiedene Diäten gemacht habe. Außerdem bin ich ja Südländerin mit breitem Becken und kräftigen Oberschenkeln.

Sie sagt: „Bei dir wird es sehr schwierig. Wenn überhaupt, wirst du nur wenig Erfolg haben." Nach einer Stunde dieser negativen Aussagen von einer Fachfrau denke ich: „Elisas Idee ist doch eine ganz andere."

Trotzdem lasse ich mir Blut abnehmen!

Doch Elisas Naturell, ihr Feuer begeistert mich mehr.

Sie erreicht bei mir eine andere Tiefe.

Deshalb beschäftige ich mich nicht weiter mit der Metabolic-Stoffwechsel-Balance, sondern lasse mir von Elisa meinen Emotional Puls messen und meinen CELLNESS-Plan erstellen.

Direkt starte ich mit CELLNESS!

Elisa sieht den Menschen immer in seiner ursprünglich schöpferischen Basis. Sie handelt aus der Cell-Basis und nicht aus der An-atom-ie.

Elisa sagt: „Ich nutze meine Cell-Intelligenz schon lange, doch die Entdeckung von Michel Montignac hat mir die Reaktion des Stoffwechsels noch bewusster gemacht.

Ich wusste bisher nicht, wie vernichtend unsere Insulinausschüttung auf den Körper wirkt.

Mir war immer klar, dass Zucker, Salz und schlechte Kohlehydrate den Körper verkleben und Fettdepots einlagern.

Doch jetzt erkenne ich die Ego-Falle des Insulins!

Herr Montignac hat bis heute niemandem erzählt, wie ich dieser Falle entkommen kann.

Die Insulin-Falle arbeitet emotional genauso gegen den Körper wie das sogenannte ‚Unterbewusstsein'!

Ich habe mich 15 Jahre mit den Emotionen der Menschen beschäftigt, habe erforscht, wie Emotionen im ‚Unterbewusstsein' freigesetzt und gereinigt werden. Genau das regeneriert den Körper auch bei Krankheiten.

Die Insulin-Falle passt parallel in meine Forschung, weil es auch hier um die verdrängten Emotionen geht!

Das Insulin ist ein Eiweißhormon. Doch in unserer heutigen gestressten, überreizten Zeit übernimmt die emotionale Masse die Führung der Hormone.

Hungern und Entzug lösen den emotionalen Trigger im Insulin nicht auf, deshalb landet jede Diät im Jo-Jo Effekt und reizt das Hormon immer extremer.

Ich erkannte, dass hochglykämische Kohlehydrate direkt mit den emotinalen Triggern in Resonanz stehen.

D. h. jede offene Emotion bewusst oder ‚unbewusst' feuert Stoffe, die mit Kohlehydraten zugestopft werden. So entsteht Heißhunger…!

Gravierend erleben das Diabetiker, bei denen die Bauch**speichel**drüse zur Bauch**speicher**drüse mutiert und die Produktion des Insulins einstellt.

CELLNESS klärt erstmals auf, was emotionale Lebensmittel sind, wie emotionale Nahrung wirkt und aufgelöst wird.

Das aktiviert die Basis der Cellen und der Stoffwechsel bewegt sich wieder aus eigener Kraft!

Jetzt kenne ich auch die Lösung für den ‚emotionalen' Stoffwechsel.

Die Bauchspeicheldrüse arbeitet wieder gut, wenn sie den emotionalen Speicher los ist und wieder Speichel bewegt.

Warum sehen alle den Menschen als krankes Wesen?

Warum schauen alle von Geburt an nur noch in Richtung Krankheit und Sterben?

Der Ansatz von Herrn Montignac ist super, nur der emotionale Puls, das Leben wird *‚wieder nicht'* beachtet!

Ayurveda nutzt zwar die Pulsdiagnose, doch reinigt auch nicht das ‚Unterbewusstsein', in dem die verdrängten Emotionen versteckt sind.

Verdrängte Emotionen sind für mich der Grund jeder körperlichen Störung und Krankheit.

Ich habe einige Pancha-Karma-Kuren mit den angenehm warmen Ölen gemacht, meinen Körper von innen und außen reinigen und entschlacken lassen, doch gereicht hat mir das nicht!"

Was ich hier von Elisa höre, fasziniert mich!

CELLNESS Realität

Bereits nach einer Woche habe ich selbst gigantische Erfolge.

Meine unreine Haut ist wunderschön rein und weich, meine Müdigkeit ist verflogen, meine Hosen schlabbern.

Zwei Wochen später ist mein Wasser aus dem Gewebe, meine Gelenke sind wieder frei beweglich.

Ich fühle mich superfit und viele fragen mich, was ich gemacht habe!

Auch für meinen „Verflossenen" bin ich plötzlich wieder attraktiv!

Elisa arbeitet als Emotional-Mediatorin und hat ein fundamentales, breit gefächertes, menschliches Fachwissen.

Sie ist weder Heiler, Mediziner, Psychologe noch Therapeut…

Stattdessen aktiviert sie das schöpferische Leben im Menschen!

Das habe ich so noch nie erlebt oder gehört.

So was Geniales kann man nicht studieren.

Sie begeistert Menschen wie ein Feuerwerk, weil sie selbst lebt, was sie an andere weitergibt!

Es ist einfach super!

Wenn das bei mir so gut wirkt, muss das bei jedem funktionieren!

Bei mir wirkt CELLNESS vom ersten Tag an … wie funktioniert das bei den anderen?

Deshalb gehe ich in die CELLNESS Einführungen und schaue mir Menschen an, die auch CELLNESS machen.

Dort sehe ich den Sunnyboy **Uli**, der hypernervös da sitzt und seine Frauengeschichten erzählt.

Als Musiker ist er permanent unter Strom, auf der Jagd nach Bestätigung und Anerkennung.

Nach sechs Wochen CELLNESS sitzt er ausgeglichen und ruhig vor mir.

Jetzt ist er sich wichtig!

CELLNESS hat Ordnung in seinen Körper und seinen Beruf gebracht.

Mechthild kennt Elisa schon vom Basis Kurs, bei dem sie viele verdrängte Emotionen aus ihrem „Unterbewusstsein" gelöst hat.

Früher opferte sie sich für Hilfsorganisationen auf, bis sie Krebs bekam.

Aus dieser ausgenutzten Opferrolle hat sie sich schon gut befreit.

Doch jetzt ist sie von ihrem Schlabber-Körper genervt und nutzt CELL-NESS.

Anfangs ist sie genauso skeptisch wie ich, doch ihr Fett an den Oberschenkeln schmilzt so schnell wie bei mir.

Letzte Woche sehe ich in ihr strahlend lebendiges Gesicht. Ihr esoterisch alternativer Schlabberlook verwandelt sich in eine figurbetonte Jeans.

Eduard ist Geigenbauer, hat vier Kindern und will aus seiner Ehe ausbrechen.

Sein komplettes Chaos erkennt er erst nach 4 Wochen CELLNESS.

Den Gürtel schnallt er 10 Löcher enger und die körperliche Ordnung gibt ihm die Kraft, dass er seine Partnerschaftslügen auspackt und konsequent handelt.

Wovor er jahrelang Angst hatte und was ihm unlösbar erschien, ist plötzlich ganz leicht.

Keiner von uns erkennt ihn nach zwei Monaten wieder.

Er ordnet sein Leben neu und verliebt sich in eine wunderschöne Frau … die auch CELLNESS lebt.

Er gönnt sich mit seinem schön gereinigten Körper ein neues Styling.

Alles was früher unmöglich erschien, öffnet sich mit neuen Perspektiven.

Susanne ist eine Mutter, wie sie im Buche steht.

Sie war Steuerberaterin, später arbeitete sie als Heilpraktikerin und Psychotherapeutin. Nach dem Basis Kurs entdeckt sie die Fähigkeiten als Seherin.

Sie hat emotional in ihrer Familie aufgeräumt, statt ihren Liebsten hinterherräumen.

Ihr Mann liebt feine Weine - sie liebt ihn und Champagner.

An einem schönen Sommertag sehe ich die sonst so fröhliche Susanne mit einem eingefallenen grauen Gesicht bei Elisa.

Sie ist im Schock, weil ihre Tochter sie mittags angetrunken gesehen hat.

Susanne fragt Elisa, was sie tun kann, dass sie diese Schande wieder los wird.

Elisa sagt: „Ich kenne nur CELLNESS". Diese Worte begeistern Susanne so sehr, dass ihre Augen wieder leuchten und sie weint vor Freude.

Schon nach vier Tagen ruft sie mich an und sagt: CELLNESS ist wirklich Weltklasse!

Auch mein Mann und meine Töchter machen mir wieder Komplimente.

Als ich sie nach 2 Wochen bei einem Geburtstag treffe, sehe ich ihren sexy Körper. Ihr Bäuchlein ist verschwunden, der Körper straff und die sonst vom Alkohol aufgequollenen Augen strahlen wie Champagner-Funkelsternchen.

Der Lebens-Schleier ist aufgehoben und Susanne genießt ihre lebendige Schönheit.

Klaus war früher Leistungssportler und ein Beau.

Nach Olympia verfällt er den Genüssen und dem Alkohol.

Später baut er sich eine neue Existenz als Therapeut auf.

Nach 20 Jahren wird aus dem Adonis eine Fressmaschine und sein Körper streikt. Er bekommt Diabetes und viele Krankheiten machen sich breit.

Die Ärzte sehen seine lebensbedrohliche Situation, sein extremes Übergewicht und nachdem ihm der halbe Fuß amputiert wurde, kann er kaum noch gehen. Da erkennt auch er den Ernst der Lage.

Bei der CELLNESS Einführung war er sehr aggressiv und benahm sich wie ein Schwein. Erst als Elisa ihm eine ganz neue Sichtweise der Insulinfalle und des Wechselspiels von Kohlehydraten und Emotionen bewusst macht, erkennt er den Unterschied zur Medizin.

Direkt ist er bereit, auf seinen täglichen Konsum von drei Flaschen Wein und seine gierigen Fressattacken verzichten.

Schon nach 2 Monaten hat er 30 Kilo abgenommen, spritzt sich nur noch ein Fünftel Insulin und kann sich wieder bücken.

Mit dem Gewicht verliert er auch seine Aggressionen und er merkt, wie er sich jahrelang des Lebens betrogen hat.

Eines Tages motiviert Elisa ihn, dass er seine orthopädischen Schuhe auszieht und barfuß läuft. Doch der Riese hat Angst, traut sich nicht, weil er denkt, dass er umfällt und Blutergüsse bekommt.

Elisa stützt ihn und macht mit ihm CELLNESS Walken.

Zwei Minuten später läuft er von alleine und das Wunder, sein langersehntes Glück, ist geschehen.

Ich sehe sein verwundertes Gesicht: „Aber die Ärzte haben doch gesagt…!"

Die bildhübsche **Laura Janson** präsentiert sich in den Medien als magersüchtig.

Sie lernt im Basis Kurs auf Mallorca, wie sie mit ihren Emotionen und Ängsten umgeht, damit sie sich aus dem Teufeslkreis befreien kann.

Sie erkennt sofort, worum es geht und setzt ihr Wissen mit Spaß um.

Damit auch ihr Körper wieder eine neue Ordnung bekommt, erstellt Elisa ihr einen individuellen CELLNESS-Plan, damit sie von den Keksen, Süßigkeiten und hochglykämischen Kohlehydraten wegkommt.

Ich sehe den Zauber und ihr schönes, breites Lachen in ihrem Gesicht, als sie ihren CELLNESS-Plan in der Hand hält.

Als Elisa sie eine Woche später anruft, sagt ihre Mutter, dass sie Nudeln kocht. Als sie das hört fragt sich Elisa: Wird dieses elfenhafte Wesen den gut gemeinten Ratschlägen im familiären Umfeld standhalten können?

Die Bilder von Laura in der letzten BUNTE erschrecken mich!

Richard ist erfolgreicher Event Manager und dann bleiben die Aufträge aus.

Er hat keine Lust mehr, weil er nur noch als Versorger gesehen wird.

Ausgelaugt und dem Druck der Gesetze ausgeliefert, steckt er im Burnout Syndrom fest, der Kummerspeck ist unübersehbar.

Im Dezember packt ihn Elisa bei seiner Ehre und provoziert ihn heftig: „Wo ist dein Hals geblieben?… Du siehst aus wie…!"

Das trifft ihn im Mark, da erkennt und nutzt er seine Chance.

Im Mai bei einem Kurs sitze ich drei Stunden neben ihm und erst als er mich anspricht, erkenne ich Richard an seiner Stimme wieder.

Ich bin sprachlos und kann es nicht glauben.

Das ist Richard?

Jetzt hat er einen Kopf, einen Hals, ein Gesicht mit Konturen, einen super geformten Körper, 25 Kilo weniger und eine Ausstrahlung wie Bruce Willis.

Ich sehe einen sehr charmanten Mann, der seinen Selbst Wert wiedergefunden hat.

Er hat seinen Frust auf seine Ex gelöst und zahlt jetzt gerne für seine Kinder.

Heute ist er wieder auf ganzer Linie erfolgreich.

Immer wenn ich **Cornelia** treffe, schwärme ich von CELLNESS und freue mich, als auch sie mit CELLNESS beginnen möchte.

Obwohl sie emotional schon sehr viel getan hat und mit Elisa befreundet ist, lässt sie sich den Emotional Puls messen und einen CELLNESS-Plan geben.

Schon in den ersten Tagen klagt sie über Schmerzen und nach einer Woche ist sie nur noch frustriert. Sie ruft mich an, warum es bei allen funktioniert, nur bei ihr nicht.

Ich erkläre ihr noch einmal, worauf sie achten muss.

Zwischendurch jault sie Elisa die Ohren voll, will ihre Rückenschmerzen verstehen und ihr geliebtes Frühstück wiederhaben, doch vergebens. Elisa erinnert sie an ihre früheren Krebstherapien, die noch immer als Gift in ihren Knochen sitzen und jetzt aufgelöst werden.

Sie empfindet es als ungerecht, dass für andere CELLNESS Weltklasse ist und sie leiden muss.

Eines Tages ruft sie mich bei Elisa an und fragt, ob sie nicht irgendein Brot essen könnte. Mitleidend sage ich, daß es im dm-Markt glutenfreies Brot gibt, das geht auch.

Ich habe noch nicht ausgesprochen, da reißt mir Elisa den Hörer aus der Hand und brüllt ins Telefon:

„Cornelia, du Kanalratte, bei mir bist du nicht weitergekommen und jetzt benutzt du Nektaria für deine dummen Spielchen."

Elisa brüllt noch 10 Minuten weiter und dann begreifen Cornelia und ich endlich, dass CELLNESS nicht manipulierbar ist, sondern vier Wochen Disziplin erfordert.

Ich bin erschrocken was geschieht, wenn die eigene Einstellung für CELLNESS fehlt.

Cornelia wollte ihr gewohntes Frühstück behalten, aber die Erfolge von CELLNESS ernten.

Elisa erlaubt weder Cornelia noch irgendjemandem, CELLNESS für das Leiden benutzen.

Das hat ihr Elisa endgültig klargemacht und ihren CELLNESS-Plan vernichtet.

Mir tat sie richtig Leid, bis ich die Brutalität der Gewohnheiten erkannte.

Das hat gesessen und ich werde keine Ausnahmen mehr empfehlen.

Nach diesem klärenden Donnerwetter startet Cornelia mit einer neuen Einstellung und siehe da … es klappt … auch ohne Brot!

Sie knuddelt und busselt Elisa und freut sich des Lebens, dass wir ihr Spiel durchschaut haben und konsequent handelten.

Mittlerweile ist Cornelia ein richtiger Fan von CELLNESS; mit dem CELLNESS-Walken balanciert sie ihren enormen Beckenschiefstand und löst ihre Knochenschmerzen.

Nach neun Monaten habe ich mit all diesen und noch vielen anderen bunten Geschichten meine Bestätigung, dass CELLNESS Weltklasse ist und bei jedem wirkt!

Auch **Sigrid** hat sich ihren Körper von Größe 46 auf 38 umgebaut und ist froh, dass sich das Rheuma verabschiedet hat.

Edith aus der Schweiz ruft lachend an, dass ihre erstarrten Gelenke wieder beweglich sind und sie nach vielen Jahren Fahrrad fahren kann.

Ihre 20 Kilo Gewichtreduzierung erwähnt sie gar nicht, dafür aber freut sie sich, dass die Cellulite weg ist.

Anne hatte eine Fehlgeburt und kurz darauf wurde ihr Sohn im sechsten Monat tot geboren.

Damals kam sie auf den Basiskurs, weil ihr Vater Krebs hatte. In dieser schweren Zeit erkennt sie durch CELLNESS den Sinn und erholt sich schnell. Mit dem CELLNESS-Plan kommt ihr hormonelles Ungleichgewicht wieder in Balance.

Als ich Elisa vor Jahren kennenlernte, hatte sie eine komplett verdrehte Statik und einen extremen Beckenschiefstand!

Letzte Woche, auf dem Geburtstag ihrer 25-jährigen Tochter, verwechselte ich die beiden.

So langsam erkenne auch ich das Geheimnis des Lebens!

Ihr individuelles CELLNESS wirkt auf mich wie ein Zauber!

Es ist ein wunderbares Körpergefühl … das jeder SELBST erleben sollte!

CELLNESS ist wirklich Weltklasse!

Immer wieder fordere ich Elisa auf: „Informiere alle Menschen!

Dann ist das Paradies wirklich auf Erden!"

Ich freue mich auf dieses Buch!

Meine Motivation für dieses Buch

Elisa Dorandt

Mich interessiert der Mensch in seiner vollkommenen schöpferischen Basis, nicht der Mensch, der essen muss, damit er überhaupt existieren kann!

Ich sehe den Menschen nicht als eine chemische Formel, als an-atom-isches Wesen, welches sich mit Angst, Leid, Krankheit identifiziert und nicht erkennt, was Leben ist!

Lebendiges Leben sieht immer aus der Basis Celle, aus der schöpferischen Sicht, da der Mensch sonst verloren ist und nie mehr heimfindet!

Ich reiche Menschen eine Hand, baue ihnen eine Brücke, damit sie in ihrem chaotischen „Unterbewusstsein" aufräumen und wieder ein lebenswertes Leben führen!

In den letzten 15 Jahren habe ich viele Menschen getroffen, die sich nicht mehr wohlgefühlt haben in ihrer Haut, die einsam, verlassen, ausgebrannt, hilflos oder krank waren.

Egal womit die Menschen bei mir ankommen, es ist immer der tiefe Mangel, der Zweifel an sich SELBST, der den Mensch dorthin bringt, wo er ist.

Viele haben ihre Kraft verloren, sind traurig, leer und auf der Suche nach medizinisch therapeutischen Ersatzteilen.

Wir leben in einem atomaren Zündstoff-Zeitalter!

Wenn eine Aktie so wenig Wert hätte wie der **MENSCH**, würde sie keiner kaufen, weil kein Gewinn erzielt wird!

Der Gewinn im Leben ist das LEBEN SELBST erleben!

Zeitgeist

Wir leben in dieser wunderbaren Wohlstandsgesellschaft, in der alles möglich ist, und doch haben wir enorme Probleme!

Im technischen und wirtschaftlichen Fortschritt hat sich der Mensch vergessen und lässt sich fremdbestimmen.

Warum sind wir trotz gigantischer Hightech-Medizin heute kranker als vor 50 Jahren?

Wir konsumieren Kosmetik und Lifestyle, dennoch ist keiner schön und perfekt genug!

Es reicht NIE!!!

Ökotrophologen, Nahrungswissenschaftler und Fitness-Companys klären uns bestens auf, und doch fehlt es an Wohlbefinden!

Als Kosmetikerin und Visagistin habe ich ein ästhetisches Körperbewusstsein und sehe gerne gepflegte Menschen.

Ich habe von Natur aus einen schönen Körper, habe nie Diäten gemacht und nicht verstanden, warum Menschen so gern leiden!

Ich schreibe dieses Buch für Menschen, die mit ihrem Körper in Frieden sein und sich in ihrer Haut wieder wohlfühlen wollen!

CELLNESS reinigt, entschlackt und destresst!

Mit CELLNESS sehen Sie charismatisch aus, bauen Stress und Druck ab, befreien sich von Süchten und reduzieren ihr Gewicht.

CELLNESS aktiviert die Gelenkflüssigkeit, baut den Selbst-Wert auf!

Wer Essstörungen hat oder nach Krankheiten wieder Kraft aufbauen will, braucht CELLNESS!

Hier lernen Sie Ihren Körper auf eine komplett neue Weise kennen!

CELLNESS reinigt den Körper aus dem „Unterbewusstsein" und schafft eine bessere Lebens-Qualität!

Der Stoffwechsel wird neu aktiviert, umgebaut und damit wird der Körper in Ordnung gebracht!

Diät heißt übersetzt: Lebensweise!

Fragen Sie einmal einen Politiker, was Diäten sind!
Ob dick oder dünn, bei denen bringt jede Diät einen Gewinn und ist Hochgenuss!

Wichtige und Erfolgreiche hungern NUR nach Anerkennung!
Der Rest denkt, er muss hungern, damit seine Diät erfolgreich ist!

Bei mir geht es um die ursprünglich schöpferische Basis Celle!

Diese hungert nie, zählt keine Kalorien, fastet nicht, kontrolliert kein Gewicht, leidet nicht unter Essstörungen, ist weder süchtig nach Anerkennung noch frisst sie sich dick und krank!

Ich gebe Ihnen mit diesem Erfolgsrezept eine neue Lebens-Art, damit die Nahrung wieder Cell-Nahrung wird und Sie wieder Freude an Ihrem schönen Körper und am Leben haben!

Das LEBEN, der KÖRPER, ist ein schöpferisches Geschenk!

Nutzen Sie CELLNESS.
Ich freue mich auf Sie!

Mein CELLNESS

Als ich noch ein Kind war, wurde bei uns saisonbedingte Nahrung gegessen.

Es gab frische Milch von unseren Kühen, geschlachtet wurde selbst und alles war frisch oder für den Winter eingelagert.

Wir hatten keine konservierten Lebensmittel oder chemisch hergestellte Nahrung.

Durch die tägliche Arbeit auf dem Feld hatte jeder genug Bewegung.

Deshalb gab es in unserem Dorf keine Übergewichtigen, und krank waren nur alte Menschen.

Irgendwie war immer alles in Bewegung.

Wir hockten nicht vor dem Computer, vor dem Fernseher, hatten keine Playstation, sondern spielten auf der Straße.

Alle mussten im Haus oder Garten helfen und abends war „Mensch ärgere dich nicht" angesagt.

Erst als ich mit 17 in die Stadt ziehe und in einem Büro arbeite, sehe ich junge Kollegen, die übergewichtig sind.

Meine Kollegin Regina ist klein, mollig und steckt sich pausenlos Gummibärchen oder andere Süßigkeiten in den Mund.

Sie ist unkonzentriert, zappelt auf ihrem Stuhl hin und her und fehlt oft.

Dann habe ich noch eine Kollegin, die schon mit 19 eine Scheidung hinter sich hat und eine Tochter von zwei Jahren.

Mein Vorgesetzter ist verheiratet, aber flirtet offensichtlich mit allen attraktiven Mädels, obwohl er schon zwei Geliebte hat.

Ich verstehe deren Welt nicht!

Meine Einfachheit ist für die anderen auch fremd!

Der Kalorien-Stress

Als ich mich als Model bewerbe, reden alle von Kalorien.

Ich weiß gar nicht, was die meinen.

Warum kontrollieren und wiegen sich Menschen täglich?

Warum errechnen sie bei jedem Essen Kalorien?

Warum haben alle so einen Stress mit ihrer Figur?

Warum fressen sie Gummibärchen und Schokolade in sich hinein und reden dann stundenlang von ihrem Gewicht oder machen sich nieder?

Ich verstehe den Sinn nicht … die wissen doch, was sie tun!

Mir scheint, dass ihnen dieses Theater einen großen Spaß macht!

Als mir eines Tages bei einer großen Modenschau ein Kleid nicht passt, erreicht auch mich das Kalorien-Fieber.

Bis an diesem Tag war mir nie die Idee gekommen, dass ich mein Essen kontrollieren sollte.

In diesem Wahnsinn lasse auch ich mir von anderen einreden, was gut für meinen Körper ist und was nicht.

Ich merke schnell, wie anstrengend dieser Schwachsinn ist, und werfe die Listen in den Mülleimer.

Ich esse wieder, was mir schmeckt, doch wenn mal wieder eine Kollektion eng ist, hänseln sie mich, weil ich nicht auf meine Kalorien geachtet habe.

Die Jahre vergehen

Die Menschen haben genug Essen, doch der Überfluss macht sie hektisch und unzufrieden.

Alle genießen, doch Krankheiten machen sich breit.

Die 68er-Generation kämpft um politische und sexuelle Freiheit.

Die RAF bot Deutschland viel emotionale Nahrung, weil junge Menschen eine große Macht ausüben und alle in Angst und Schrecken versetzen.

Keiner erkennt oder versteht ihr Motiv!

Heute leben wir genau in diesen wirtschaftlichen und politischen Macht-Seilschaften, die damals verhindert werden sollten.

Heute reden alle von Freiheit, aber leben verängstigt und unsicher, in Gesetzen und Reformen eingesperrt.

Den größten Schock in Sachen Ernährung und Lebensqualität erlebe ich im Land der unbegrenzten Möglichkeiten – Amerika.

Statt mein geliebtes Brot essen, stehen wir jeden Morgen mit unserem Wohnmobil bei „Jack in the Box" und futtern unser Frühstück in Form von Sandwiches und Hamburgern.

Das Fett vom Speck läuft den Menschen die Finger hinunter, und ich bin erstaunt über die Ess- und Lebenskultur unserer „Vorbilder"!

Kein Wunder, dass bei diesem Fraß alle fett sind!

Ich freue mich nach sechs Wochen wieder auf frisches Essen und genieße unsere Esskultur am schön gedeckten Tisch.

Die globale Verstrahlung

In jeder Epoche standen atomare Katastrophen, Gewalt, Sprengstoff-Attentäter oder Kriege in direkter Resonanz mit den Emotionen der Menschen der jeweiligen Zeit!

Die atomare Katastrophe von Tschernobyl verstrahlte viele Menschen und vernichtete über Nacht unsere Nahrungsmittel.

Danach wuchsen Ängste und Krebs wie Pilze aus dem Boden.

Viele regen sich über atomares Wettrüsten auf und merken nicht, dass der Mensch SELBST zur wandelnden Atombombe mutiert ist und Billiarden Atome in sich trägt.

Warum wollen wir nicht erkennen, dass jede globale Katastrophe, alle Geschehnisse immer in Resonanz mit dem Menschen sind?

Wir SELBST haben uns diese Welt erschaffen!

Direkt nach Tschernobyl entsteht logischerweise unsere heutige Strahlentherapie.

Dies alles ist emotionale Nahrung, doch kaum jemand erkennt das!

Die Genuss-Falle

In Deutschland macht sich der Reichtum breit, die Welle von Feinschme-
ckerrestaurants und Delikatessengeschäften boomt, ich bekomme Sommer
wie Winter jede Köstlichkeit!

Ich genieße Fische aus weltweiten Gewässern, Weine aus Südafrika, Lamm
aus Neuseeland, Kirschen aus Israel, Kartoffeln und Orangen aus Spanien
und … und … und!

Irgendwann erreicht auch mich diese extravagante Feinschmecker-Liga und
ich mache genüsslich mit.

GENUSS ist NIE genug!

Uns geht es sehr gut.

Doch je besser es uns geht, je satter wir sind, desto mehr Angst hat mein
Mann vor erhöhtem Cholesterin.

Eines Tages sitzen wir mit Freunden bei einem Dinner. Obwohl alle sport-
lich und gesund sind, wird stundenlang aufgezählt, dass der feine Wein die
Gefäße verengt und Gefäßablagerungen verursacht, dass viel Fisch Eiweiß-
vergiftungen fördert, dass das leckere Fleisch den Cholesterinspiegel in die
Höhe treibt!

Als sie alles krank geredet haben, sprechen genau diese Menschen von den
Armen in Afrika, die nichts ZU essen haben.

Am köstlich gedeckten Tisch leiden sie und prahlen gleichzeitig mit ihren
großzügigen Spenden an „Brot für die Welt"!

Es macht mich fassungslos, dass erfolgreiche, gestandene Persönlichkeiten, die
mindestens 20 Jahre älter sind als ich, so einen Blödsinn erzählen.

Jedem von ihnen geht es gut, doch alle reden von Krankheiten und Leid!

Jeder von uns müsste ein breites Smilie-Lächeln im Gesicht haben, stattdessen zählen sie ihre Wehwehchen auf, reden von den medizinischen
Fortschritten und dem neuesten Schrei der Schmerztherapie!

Warum wird keiner satt – der Hunger nicht gestillt?

Vielleicht macht Essen ja genauso hungrig wie krank?

Je schöner das Leben ist, je aufwendiger wir genießen, je weiter die Fernreisen, desto ängstlicher, unzufriedener und kranker erlebe ich die Menschen!

Essen hält Leib und Seele „ZU Samen"!

In meiner Schwangerschaft machen mir alle klar, dass ich jetzt für zwei essen muss, und wenn ich keinen Appetit habe, machen sie sich Sorgen um mich und das Kind.

Ich habe diese Sorgen nicht und meine Tochter wird gesund und munter geboren.

Doch sie verweigert die Nahrung und muss für zwei Wochen in die Kinderklinik.

Nach der Untersuchung habe ich sie, gegen die Meinung der Ärzte, direkt wieder mit nach Hause genommen. Doch zum Trinken habe ich sie gezwungen.

Heute weiß ich, dass Kinder nicht vom Essen satt und groß werden, sondern am Auflösen ihrer Datenbank wachsen! Das ist ER-Wachsen!

Wir haben komplett vergessen, welch großen Einfluss bewusste oder „unbewusste" Emotionen auf unseren Körper haben. Diese Art der Nahrung wird gar nicht mehr gesehen!

Wirkliche Nahrung kommt vom Leben selbst!

Genauso ist das mit der Kommunikation!

Kaum einem ist bewusst, wie uns Worte belasten und wie die emotionale „Unterlegung" eines Wortes, welches „nett" gesprochen, aber emotional eher aggressiv unterlegt ist, auf unseren Körper wirkt.

Ich schreibe einige Worte anders als gewohnt, dann haben Sie schon einmal eine Idee, was ich meine!

Worte und Emotionen sind „unser täglich Brot"!

Diese Kost ist gefährlich – nicht unsere Lebensmittel!

Das Gesetz der Heilung

Auch ich habe in den Jahren immer mehr meine einfache Frohnatur verlassen, lebe mein Leben für meinen Mann, für mein Kind, für die Arbeit und für andere.

Dieses Theater – welches wir „Leben" nennen – hat mich betrunken gemacht, in Resonanz fährt mir ein Betrunkener mit zwei Promille ins Auto.

Dann liege ich lange im Koma und werde monatelang künstlich ernährt.

Komisch, warum verweigert mein Körper in dieser lebensbedrohlichen Phase die Nahrung?

Brauche ich jetzt kein Essen, damit ich wieder gesund werde?

Mutti sagte immer: „Iss, damit du gesund bleibst."

Wovon ernährt sich mein Körper in dieser Heilungsphase?

Es dreht sich doch sonst alles nur ums Essen, weil es Leib und Seele ZU Samen hält!

Was nährt mich jetzt?

Das zeigt mir wieder, dass mein Körper nicht vom Essen lebt.

Woher holt sich dann die Reparaturwerkstatt im Körper Nahrung zum Heilen?

Die Quelle, das Heiland – das heile Land – im Menschen, nährt sich nicht durch Essen.

Die ureigene Cell-Intelligenz nährt den Körper wahrlich mit des Schöpfers Atem!

Monate rätseln die Ärzte, warum meine vielen Knochenbrüche so optimal mit Callusbildung versorgt werden und die inneren Verletzungen so schnell heilen.

Mein gesamter Heilungserfolg ist für alle Ärzte unerklärlich.

Als ich nach vielen bettlägerigen Monaten in den Spiegel gucke, sehe ich meinen optischen Verfall.

Ich gleiche einem Biafrakind.

Jetzt verstehe ich die Angst und die Sorgen meiner Familie, der Freunde, doch ich fühle mich nicht so entsetzt, wie sie mich ansehen.

Sie sind traurig und weinen, als sie mich sehen!

Ich frage mich: Wer ist hier krank?

Jeder sieht seine Welt aus seiner Perspektive!

Ich kann mich nicht bewegen, nicht laufen, in Wahrheit kann ich gar nichts, doch mir fehlt auch nichts …

ich fühle mich, so wie es ist, gut mit mir!

Immer deutlicher erkenne und fühle ich den täglichen emotionalen Ballast, die Angst der anderen, welche „unbewusst" auf mich projiziert wird.

Wie ist es möglich, dass sich völlig gesunde Menschen durch meinen Verfall so emotionalisieren lassen?

Sie haben Angst um mich … ich habe keine Angst!

Sie machen sich Sorgen um mich … ich habe keine!

Sie sehen mich lebenslänglich im Rollstuhl … ich mich nicht!

Sie sagen, dass es keine Hoffnung gibt … ich habe mein Leben!

Sie sagen, iss tüchtig, damit wieder was an dich drankommt … ich habe doch alles!

Sie trösten mich mit ihren eigenen „unbewussten" Ängsten. Keiner erkennt, dass diese Trostpflaster erst richtig traurig – krank machen!

Täglich verstehe ich die negativ-positiv Welt mehr!

Wir verwechseln das „unbewusste" Leben mit dem „bewussten" Über-Leben!

Das funktioniert wie in einer Dunkelkammer, in der Bilder oder Dias vom Negativ entwickelt werden. Das Negativ-Bild ist immer die andere Seite vom Original.

Ich weiß, dass es alle gut mit mir meinen, doch mein ganzer Körper schmerzt, wenn sie mir „unbewusst" ihre Emotionen übertragen.

Mir sagen sie, dass ich das schaffen werde, doch selbst sind sie in Angst gefangen und glauben nicht daran.

Ihre Worte sind anders als ihr Empfinden!

Jedes Mal erzählen die Ärzte meiner Familie neue Hiobsbotschaften:

Dass ich nie mehr laufen werde.

Dass ich mein Leben im Rollstuhl verbringen muss!

Statt die Wahrheit, das Gesagte an mich weitergeben, lügen sie mich an und erzählen mir Märchen – Hauptsache positiv!

Ich spüre immer, dass sie mich belügen!

Der Einzige, der den Medizinern nicht glaubt, ist mein Mann.

Der sagt den Ärzten: „Erzählen Sie mir nicht immer, was nicht geht. Machen Sie alles möglich, dass meine Frau vollständig wiederhergestellt wird!"

Glaubt er wirklich an mich?

Er sagt, er mag kein Krankenhaus.

Doch er besucht mich täglich und geht dann direkt wieder!

Ich kann mich körperlich keinen Millimeter bewegen, doch meine Sensibiltät ist hellwach!

Später weiß ich, meine Familie kennt meine Datenbank am besten, weil sie in direkter Resonanz mit meiner Datei steht.

Sie kennen den Code, das Passwort, und damit haben sie direkten Einfluß auf mein „Unterbewusstsein"!

Sie sind es, die genau wissen, welche Knöpfe sie drücken müssen, damit sie emotional an mich herankommen!

Verwandte und Bekannte müssen sich dafür mehr anstrengen, weil sie nur den Benutzernamen von mir kennen!

Da ich mich lange Zeit nicht in der Masse, im Massenbewusstsein bewegt habe, nehme ich „unbewusste" Emotionen intensiver wahr, die im Alltäglichen nicht mehr wahrgenommen werden!

Nicht Schmerzen tun weh, sondern die „unbewusst" verdrängten Emotionen schmerzen im Körper!

Die meisten Menschen ertragen genau diese Sensibilität nicht. Vor dieser Offenheit haben wir Angst.

Jeder müsste sich dann selbst spüren und das Leben empfinden, so wie es ist.

Lieber ballern wir täglich von morgens bis abends darauf herum oder laufen dem Leben weg.

Unsere täglichen zwischenmenschlichen Emotionen fühlen sich für die Cellen an, als würde mit einem Maschinengewehr auf Spatzen geschossen!

Ich nutze meine vielen Schlüsselerlebnisse, damit ich das Geheimnis des Lebens besser erkenne!

Schmerzen, Leid und Krankheit kommen immer aus dem eigenen „Unterbewusstsein"!

Hier beginnt meine Forschung

Die nächsten Jahre nutze ich dieses Wissen für mich und 1989 erfülle ich mir einen großen Herzenswunsch: Ich gründe den Verein „wünsch dir was"!

Ich besuche Kliniken und erfülle hunderten lebensbedrohlich erkrankten Kindern ihre Herzenswünsche!

Meine Motivation ist es, Kinder und Jugendliche wieder an ihr Leben erinnern.

Seit der lebensbedrohlichen Diagnose identifizieren sich die meisten nur noch mit dem Sterben, haben Angst und sehen ihr wunderschönes Leben nicht mehr.

Wir richten den Blick von Geburt an in Richtung „Sterben"!

In Wirklichkeit sollten wir jede Lebensrunde, jede Geburt für die Auflösung der gespeisten Programme in unserer Datenbank nutzen.

Für mich sind Diagnosen, egal welcher Art, immer nur der Hammer zum Wachrütteln, damit die Lebens-Schularbeiten gemacht werden!

Während der langjährigen Rehabilitationsmaßnahmen trainiere ich nicht nur meine zerbrochenen Beine, sondern nutze die Negativfrequenz dieser leidenden Menschen und erlöse das Leid in mir.

Hier reden alle nur von Krankheiten.

Jeder hat eine bessere Geschichte.

Die Hiobsbotschaften kennen keine Grenzen und alle jaulen im gleichen Leidgesang.

Sie sind mit Krankheit beschäftigt und vergessen dabei das wunderbare Geschenk des schöpferischen Lebens!

Ist ihr eigenes Leben denn so wenig wert, dass Krankheit, Leid und Schmerz ihr Eigentum wird?

Ich gehe meiner Wege und erkenne genau mit diesen Menschen, wie das Leben verdreht und auf den Kopf gestellt ist.

Jeder macht sich mit seiner Krankheit **ZU** einem besonderen Menschen. Endlich gibt es Aufmerksamkeit, wir werden betüddelt und bemitleidet.

Kranke leben aus dem Defizit, im Restwert ÜBERleben, nähren sich vom Mitleid der anderen, haben Ruhe vor dem Leben, brauchen keine Verantwortung für sich selbst tragen und vegetieren langsam dahin.

nebel im leben = leben im nebel

Die selben Buchstaben! Von hinten nach vorne gelesen.

Ärzte tragen gerne Verantwortung für Kranke, denn sie frequentieren in Resonanz mit Kranken!

Meine Mutter erzählte uns Kindern von jeher … Hauptsache wir sind gesund.

Jetzt mit 90 sagt sie immer noch… Hauptsache wir sind gesund.

In Wahrheit hat sie seit Jahren Wasser in der Lunge und ein schwaches Herz.

Sie schleppt sich vom Sofa bis zur Toilette und muss täglich 10 Tabletten nehmen, damit ihr Herz das Wasser noch aus der Lunge pumpen kann.

Die Ärzte haben sie gut eingestellt; weil ihre Einstellung nicht mehr vorhanden ist, kann sie nur noch so ein bisschen länger leben.

Was nutzt uns dieser ganze Fort-Schritt, wenn wir nie unsere Lebens-Schularbeiten machen?

Wir müssen immer länger leiden, weil uns keiner zeigt, wie die Lösung ist.

Menschen merken gar nicht mehr, wie abhängig sie von Medikamenten, Ersatzteilen und OPs sind, aber gleichzeitig von Gesundheit und Lebensfreude sprechen.

Wann und wo haben wir uns so verloren … dass wir die Ehre des Lebens für so wenig Überleben eintauschen?

Selbst Schwangerschaft ist heute eine Krankheit!
Warum trägt keiner mehr die Freude des Lebens?

Die Gesundheitsreform sieht das Leben nur noch an-atom-isch von Geburt bis Sterben.

Warum stehen wir nicht endlich auf und erkennen das Leben?

Weil es keiner mehr empfindet, keiner mehr kennt, weil wir genau vor diesem wunderbaren LEBEN Angst haben!

Die Menschen sehen ihren Körper nur noch in Anatomie.

In Wahrheit ist er kein Atom, keine chemische Formel.

Wir verwechseln heute die Verbrennungsmaschine Körper mit dem schöpferischen Wesen Mensch!

Unser Körper trägt das Gewebe der selbst gespeisten Datenbank!

Die Medizin sieht den Menschen als anatomisches Wesen!

Sie behandelt atomare Störungen und sieht nicht den Kern – die Schöpfung!

Für mich ist das LEBEN ein schöpferisches Geschenk!

Der Sinn im Leben ist die gigantische Datenbank, die jeder bei sich trägt und die dringend aufgeräumt werden will.

Alle Programme, die versteckten Emotionen müssen aufgelöst werden!

Von dieser Heilung träumen wir nur – statt sie erleben!

Wir leben im Jahr 2007!

Was bedeutet dieses Zeitalter – dieser Zeit-Geist?

Warum lieben wir nach 2000 Jahre noch immer das Kreuz, das Leid noch mehr als die Auferstehung – das Aufstehen?

Warum wollen wir nicht erkennen und in diesem Sinne leben?

Warum laufen wir lieber dumpf Religionen hinterher und betrügen uns um das schöpferische Leben?

Der Mensch redet sich ein, er hätte sich im Laufe der Zeiten entwickelt, doch hat er sich in Wahrheit komplett ver-wickelt!

Statt das Leben in die richtigen Bahnen lenken und aufstehen, trösten uns Intelligenz, Technik, Wirtschaft, Politik, Nahrung, Genuss, Prestige, Konsum und erfundene Götter über die innere Leere hinweg!

Eltern bemühen sich sehr, doch machen sie ihren Kindern auch 2007 immer noch kein lukratives Angebot für ihr LEBEN!

Früher erzogen Eltern ihre Kinder, heute erziehen Kinder ihre Eltern!

Eltern haben immer mehr Angst vor den emotionalen Ausbrüchen und der Gewalt ihrer Kinder!

Fragen über Fragen …
doch kein Arzt, kein Lehrer, keine Eltern, Religionen oder Glaubensbekenntnisse haben die Antwort!

Therapie braucht eine neue Sichtweise

In Bad Ragaz, Schweiz, will ich nach meinem Unfall sechs Wochen Rehabilitation machen, doch mir werden täglich nur eineinhalb Stunden Therapie genehmigt.

Als ich sage, dass ich mindestens sechs Stunden am Tag arbeiten will, trumpft der Professor auf und macht mir klar, dass ich das nicht aushalte.

Ich sage ihm, dass ich einen Mann und ein kleines Kind daheim habe, deshalb will ich die Zeit intensiv nutzen.

Da sagt der Professor: „Es ist nicht gut für den Patienten, wenn er ‚persönlichen‘ Kontakt mit dem Therapeuten aufbaut!"

Ich schüttel den Kopf und denke: „Ha … ich lasse mich täglich von denen anfassen, bin ihnen nackend ausgeliefert, und dann darf ich keinen ‚persönlichen‘ Kontakt mit denen haben?"

Ich wusste immer, dass Mediziner nicht emotional sein dürfen, aber dass sie emotional so abgeschnitten sind, hätte ich nie geglaubt!

Therapeuten erlebe ich tröstend und helfend, doch auch sie erkennen ihre eigene Resonanz mit den Kranken nicht!

Kranke erleben Krankheit bewusst und jeder Therapeut frequentiert „unbewusst" genau mit dieser Resonanz!

Daher entsteht diese Anziehungskraft!

Sind Krankenschwestern und Therapeuten aus diesem Grund so oft krank?

In dem Krankenhaus, in dem ich lag, wechselte das Personal ständig, weil die Krankheitsquote vom Personal so hoch war.

Dann fordere ich von dem Professor mindestens sechs Stunden Behandlung am Tag oder ich fahre nach Hause.

Da lenkt er ein, handelt wie ein türkischer Teppichhändler mit mir, doch ich setze meine sechs Stunden durch.

Er erwartet, dass ich am nächsten Tag schlappmache, doch ich fordere weitere zwei Stunden.

Als ich nach fast zwei Monaten die Klinik verlasse, schaut er mich an und will wissen, wie ich ganze acht Stunden diese Schmerzen aushalte und warum ich so fit bin.

Ich antworte ihm, dass ich den Schmerz nicht gegen mich, sondern für mich nutze.

Wir haben so viel Medizin, Psychologie und Therapien, erfinden Diagnosen und wissenschaftliche Statistiken, doch heute blickt keiner mehr durch – durch diesen Dschungel.

Ich beschäftige mich mit dem Leben und erschrecke, wie stark der Sog ins Leiden ist.

Nur Menschen, die extrem viel Krankes, Leid oder Hilflosigkeit in der eigenen Datenbank gespeist haben, führen einen medizinischen, therapeutischen Beruf aus!

Das Resonanzgesetz unterliegt der Natur und wurde nicht vom Menschen erfunden!

Es hat immer und überall Gültigkeit!

Wir machen oft den Fehler, dass Resonanz in positiven Dingen Gültigkeit hat, sein darf, doch bei negativen Dingen bleiben wir im Kopf hängen und analysieren – warum, weshalb, wieso!

Die Berufung beginnt, wenn der Berufene beispielsweise die Kranken nutzt, damit er seine eigene Datenbank emotional reinigt. Das ist wirklich fantastisch!
Dann stimmt auch der Lohn und Ärzte bräuchten nicht streiken!

Diese Sichtweise ist vielen fremd, so anders.
Doch wer so lebt, dem erscheint alles lebenswert, und es ergibt einen Sinn!

Ich kenne Therapeuten, die ihren Beruf bereits in diesem Sinne nutzen!

Die sind abends nicht am Stöhnen oder ausgelaugt wie früher.
Sie haben mehr Kraft und mehr Freude.

Dann braucht sich keiner hinter Krankheit oder Mobbing zu verstecken!

Medizin hat noch niemanden in sein Heiland geführt!
Sie bietet uns wunderbare Ersatzteile, die ich gerne nutze. Wir brauchen sie in
Notlagen, doch das Leben dürfen wir ihr nicht anvertrauen!

Identifizieren werde ich mich mit Medizin nicht, weil ich dann verloren bin!

Warum wollen wir nicht erkennen, dass Medizin kein Leben beinhaltet oder schafft – sie bewegt NUR Atome!

Das Leben muss sich jeder wieder selbst einhauchen!

In den Kliniken begreife ich immer deutlicher, warum Heilerfolge so lange dauern oder nie geschehen.
Die emotional leidende Schwingung schwirrt immer um die kranken Menschen herum.
Hier glaubt keiner mehr an sich selbst und alles wird schöngeredet, obwohl die Angst groß ist und den Raum einnimmt.
Im Laufe der Jahre erlebe ich die unterschiedlichsten Behandlungsarten und Therapien.
Ich genieße den Boom fernöstlicher Heilmethoden, auch Tai-Chi, Chi-Gong, TM und Massagearten.
Doch mir fehlt auch hier die Hochfrequenz, die vor Tausenden von Jahren noch vorhanden war.
Auch die Kräuterlehre der Hildegard von Bingen hat bei unserer heutigen emotionalen Zündstoff-Generation, in der die Eigenverantwortung auf dem Nullpunkt ist, ihre Kraft verloren. Damals lebten die Menschen in dieser natürlichen Schwingung und deshalb wirkte die höhere Frequenz.

Akupunktur, die mir die Chakren und Meridiane öffnet, finde ich toll. Kurzfristig bleiben sie auch offen, doch dann übernimmt die Gewohnheit, der emotionale Druck wieder die Regie.

Eines Tages kommt Itta in meinen Kurs.
Sie lehrt Feldenkrais in München und unsere Chemie passt ganz gut. Ich

erzähle ihr von meiner Sicht der Therapien, sie ist neugierig und lädt mich nach München ein.

Dort behandelt sie mich eine Stunde, doch ich zeige ihr, wie sie an andere Ergebnisse kommt, wenn sie mindestens drei Stunden mit den Patienten arbeitet.

Ich arbeite mit meiner Cell-Intelligenz, meiner Wahrnehmung und dann beginnt wahres Handeln im Körpersystem.

Obwohl sie mich so intensiv erlebt, meine Erfolge sieht, erklärt sie mir, dass die meisten Menschen nur eine Stunde aushalten.

Ich sage ihr, dass sie ihre Patienten auffordern und nicht noch unmündiger machen soll, als sie ohnehin schon sind.

Ihre begrenzte Welt ist ihr doch lieber und unsere Wege trennen sich.

Obwohl sie mit eigenen Augen sieht, was ich erreicht habe, glaubt sie nicht daran, dass sich auch andere Menschen, wie ich, wieder ein Sprunggelenk bauen können; es schaffen, aus hundertprozentiger Behinderung hundertprozentiges charismatisches LEBEN bauen.

Tom auf Ibiza ist der erste Therapeut, der mir glaubt und meine Ideen nicht als Fantasterei abtut.

Er arbeitet in Abständen fünf Jahre an meinen Beinen, am Becken und Rücken. Ihn fasziniert meine Cell-Intelligenz.

Er ist froh, dass er mit mir eine neue Sichtweise hat. Jeder lernt von jedem, meine Statik ist begradigt und alles ist super.

Es entwickelt sich eine schöne Freundschaft und ich schreibe mit ihm seine Biografie „Paradiesvogel im Narrensystem", die ihn bewusster auf sein Leben blicken lässt.

Mit meiner Erfahrung würde ich jeder Art von Therapie mehr abfordern – die Erfolge wären gigantisch!

Was soll bei einer halben Stunde Massage oder Therapie passieren?

Gesundheitsreform

Jeder verleugnet sein eigenes Heil, seine Schöpferkraft, und wir geben uns GERNE in der perfekt installierten medizinischen Maschinerie ab!

Wie viel Medizin und Heilversprechen verträgt der Mensch?

Eine Gesundheitsreform, die Krankheit dient, hat ihren Sinn und Charme verloren!

Krankheit schielt nach Gesundheit, Gesundheit schielt nach Krankheit!
4. Juli 2007, „Spiegel" und „Die Welt" online:
Warum wundern wir uns über die neueste Terrorwelle, die Terroristen in Weiß?
Ist das die Antwort auf unseren aggressiven Gesundheitsmarathon?
„Diejenigen, die euch heilen, werden euch töten!"
Was brauchen wir noch, bis wir wach werden?
Hauptsache wir sind gesund …!

Das WUNDER MENSCH – WUNDERWERK Körper

Unser schöner Körper muss sich doch irgendwie bemerkbar machen und zeigen, wie er drangsaliert wird.

Statt dafür dankbar sein, schlagen wir den restlichen Wert des Lebens auch noch mit Schmerzmitteln, Chemo, Bestrahlung, OPs oder anderen Trostpflaster-Therapien kaputt.

Hauptsache, es tut nichts mehr weh und wir können in aller Ruhe weiter vor uns hindümpeln!

Ich habe eine ganz andere Idee und motiviere die Menschen in Richtung Leben.

Provokant sage ich ihnen: „Wenn du mit sechs oder mit elf Jahren stirbst, dann mach doch jetzt die Dinge, weil du sie ja mit 20 Jahren nicht mehr erlebst!

Oft schauen sie mich dann ganz verwirrt an, weil sie die Lebensfrequenz mit mir wieder spüren.

Sie erschrecken, dass ich noch an ihr Leben glaube, noch Leben in ihnen sehe.

Sie spüren, dass ich sie ins Leben motiviere, und dann fällt bei dem einen oder anderen der Groschen.

Ich spreche alles offen aus, und dann hat jeder eine Wahl!

Die Eltern sind meist in großer Sorge und Angst oder leben im emotionalen Scheidungskrieg.

Wer seine Einstellung, seine Frequenz nicht ändert, bei dem ändert sich auch nichts auf der Festplatte!

Wir sterben nicht an Krankheiten, sondern an dem emotionalen Spam-Müll, den gespeisten Programmen im „Unterbewusstsein".

Hier fliegen mir die Emotionen von Leben und Sterben täglich um die Ohren und es macht mich traurig, dass jeder so wenig an sich SELBST glaubt!

Warum sind wir so abgestumpft, so unsensibel fürs LEBEN?

Für mich macht jede Erfahrung Sinn, weil ich jede für mich nutze!

Emotionaler Krieg

Nach fünf Jahren intensiver 15-Stunden-Tage führen meine „ehrenamtlichen Helfer" einen emotionalen Krieg gegen mich, weil ihnen meine unkonventionelle Art, meine Sichtweise und mein Lebensstil nicht gefällt.

Ich ertrinke nicht wie sie im Mitleid, doch sie tun alles, damit sie mich in die allgemeinen Raster bekommen.

In Wahrheit wollen sie mein Amt, meinen Vorsitz!

Ich habe diese Organisation nicht zum Leiden gegründet, meine Motivation ist der Geist des ewigen Lebens!

Leiden bringt keine Früchte des Lebens!
Schöpferisches Leben leidet nicht!

Ich bleibe mir treu und schaue mir mit Schrecken die Brutalität an, die sie gegen mich auffahren.

Für mich geht es immer ums Leben, um das Bewusstmachen von Krankheiten.

Den Streithennen geht es um Macht!

Sie reichen mir die brutalste Art der emotionalen Nahrung!

Auch ihre Schläge nutze ich für meine emotionale Reinigung!

Obwohl ich als Vorsitzende wiedergewählt werde, gebe ich als „Mutter des Vereins" meinen Vorsitz ab.

Jetzt zeige ich allen Menschen, wie sie sich selbst ihre Herzenswünsche erfüllen und ihr Leben lebendiger machen können.

Re-Light-Form wird geboren

Jetzt arbeite ich mit allen Menschen, die ihr Leben wiederhaben wollen!

Sie kommen wegen Lebens- oder Partnerschaftskrisen, mit Existenz-Ängsten und aus jeder sozialen Schicht!

Heilpraktiker und Ärzte schicken mir Kranke, wenn sie nicht mehr weiterkommen oder der Patient austherapiert ist.

Es ist faszinierend, wie jedes Problem dem anderen gleicht!

Nach all diesen Erfahrungen bin ich noch motivierter von dem gigantischen WUNDERWERK MENSCH und erforsche das LEBEN weiter!

Esoterik und New Age

Meine nächsten Herausforderungen sind die großen Heiler, und vielleicht gibt mir die New-Age-Szene ein besseres Angebot als alle anderen vorher.

Ich fliege nach New Mexico, Amerika, auf die Philippinen und renne von einem zum anderen.

Die herkömmlichen Methoden sind ja schon der Hammer, aber was ich dort erlebe, sprengt jeden Rahmen.

Heiler geben vor, dass sie Menschen im reinen Geist heilen.

Doch LEIDER nähren sie sich in Resonanz emotional mit ihren Heilsuchenden und erkennen nicht, dass sie „ihr Heil" suchen.

Heilen kann sich doch nur jeder SELBST, denn das Leben, das schöpferische Wesen Mensch, ist der Heiland SELBST!

In einer Reinkarnationssitzung jagen mir die erleuchteten New-Age-Assistentinnen ihre Ängste ein.

Statt meine Ängste auflösen, geht es mir Tag für Tag schlechter, weil ich ihre Ängste jetzt auch noch fresse.

Als ich ihnen das sage, erklären sie mir, dass ich kein Typ für diese Therapie bin, und sie sind froh, dass ich gehe.

Einen Tag später rufen sie mich wieder an und bitten um Hilfe.

Die ganze Crew sitzt weinend vor mir und klagt mir ihr Leid. Wieder sitze ich mitten im Jammertal unfähiger Erleuchteter!

Sie erzählen mir, dass sie ausgenutzt werden, leer sind und dass hier im Institut brutale Intrigen herrschen.

Obwohl ich mich fit und gesund fühle, der Behinderung gekündigt und meinen Behindertenausweis verbrannt habe, besuche ich einen weltbekannten Heiler aus London.

In einer großen Gruppe frage ich ihn, warum er nicht an den reinen Geist, an das Heil in jedem Menschen glaubt.

Er antwortet mir: „Jenny, nur ich bin befugt, das Heil in die Welt ZU bringen."

Hä … warum Jenny? Was redet der denn da …?

Der hat ja noch mehr Macht als jeder Diktator.

Warum lassen sich Menschen hier so fremdbestimmen?

Warum geben sich hier so viele Menschen ab?

Da stellt sich dieser „kleine" Mann vor seine Anhänger und macht ihnen klar, dass sie fehlerhaft sind und dass ihnen das Wesentliche fehlt.

Erschreckend ist, dass alle ihm glauben und ihm folgen!

Ich weiß, es gab in jeder Zeit verlorene Schafe, doch heute sind es fast alle, die sich irgendwo verlaufen haben, ihren Geist oder ihr Leben suchen!

Genau diese Schäfchen regen sich über Diktatoren, Kriege, Machtinstrumente und Menschenrechtsverletzungen auf, doch merken nicht, dass sie sich hier freiwillig und bewusst manipulieren lassen, fremdbestimmt sind!

Anthony Robins hat mich mit seiner gigantischen Show fasziniert.

Ich erlebte den Anfang seiner Karriere, als NLP in Deutschland noch kein Begriff war.

Die Show war super, doch hier werden, wie der Name sagt, Programme neurolinguistisch von A nach C geschoben.

Hier fehlt mir eine wesentliche Kleinigkeit: Emotionen chemisch auflösen, damit die Festplatte gereinigt wird!

Ich weiß genau, dass das wirklich möglich ist!

Dann besuche ich Erfolgs- und Mental-Trainings.

Hier wird von der Kraft des „Unterbewusstseins" gesprochen und Erfolgreiche werden noch erfolgreicher gemacht.

Nach Tagen erzähle ich meine Sicht vom „Unterbewusstsein" und sage, dass es in Wahrheit keines gibt.

Das „Unterbewusstsein" ist wie Datenmasse im Computer.

Wir sammeln im Laufe des Lebens Erfahrungen, Informationen, die emotional behaftet, gebunden sind.

Diese werden im Leben immer wieder hin- und hergeschoben, neu kopiert und dann und wann in den Papierkorb abgelegt, in der Hoffnung, dass sie irgendwie gelöscht werden und uns in Ruhe lassen.

Schön wär's …

Wie der Papierkorb im Computer keine Daten löscht, sind auch unsere Daten nicht gelöscht, sondern fein säuberlich im „Unterbewusstseins-Papierkorb" aufbewahrt.

Genau diese Daten erscheinen uns später als Angst, Schicksal, Krankheit, weil diese unerträgliche Masse nie stirbt!

Kein Gott, keine Gene, kein Skapell, keine Pille, keine Chemo, keine Bestrahlung, keine OP, kein Guru, kein Heiler, kein Arzt, keine Hightech-Kosmetik und … und …und erlöst uns davon!

Wir **benutzen** diesen Verdrängungsmechanismus, damit wir keine Verantwortung für unser selbst gesponnenes Leben, für die gespeiste Datenbank, übernehmen müssen.

**Kein Arzt, kein Wissenschaftler kann mir das „Unterbewusstsein" zeigen!
Alle reden davon, aber es ist nirgendwo lokal nachweisbar!**

Dann boomt Jasmuheen mit ihrer Lichtnahrung.
Sie hat seit Jahren nichts gegessen und nichts getrunken.
Für die Esoteriker und die New-Age-Szene war das ein riesiges Spektakel, nur für mich nicht.

Lichtnahrung ist „ursprüngliche" Cellnahrung!

Wer sein Bewusstsein gereinigt hat, braucht nicht mehr viel essen, weil ihn der Atem nährt.

Vor Millionen Jahren, in der ursprünglichen Schöpfer-Natur, wurde nie gegessen oder getrunken!
Damals waren keine Programme in der Datenbank gelagert, die online gingen und Nahrung brauchten!

Vor 3500 Jahren hatten wir dafür eine schöne Geschichte:
Moses war 40 Tage und Nächte auf dem Berg Sinai.
Obwohl er nicht gegessen und nicht getrunken hat, stieg er nach 40 Tagen vom Berg und verkündete dem Volk die „Zehn Gebote"!

Was hat ihn in dieser Zeit genährt?
Ich glaube, er gab uns NUR ein Gebot:

Liebe dich SELBST ... dann liebt dich dein Nächster!
*Die anderen **neun Gebote** sind Projektionen:*
Du sollst nicht töten, nicht ehebrechen, kein falsches Zeugnis reden und niemandem etwas tun, was dir nicht selbst getan werden soll!

Wenn wir das AN-Gebot begreifen und danach leben würden, hätten wir keine Partnerschaftsprobleme!

Nach Heilern, Gurus, Räucherstäbchen, Nahrungsergänzungstricks, Heilfasten, Yoga, Meditation usw. begeistert mich jetzt die ayurvedische Lebens-Philosophie.

Mein Lotussitz klappt noch nicht richtig, aber gelesen, erlebt und erfahren habe ich genug von dieser geheimnisvollen Lehre!

Was ich noch nicht so ganz verstehe, ist, warum Inder, Hindus und auch die Buddhisten glauben, dass ihr Karma nicht auflösbar ist.

Auch kann ich nicht fassen, wie sich die Obrigkeit, der Dalai Lama, vor meinen Augen in der Berliner Friedensuniversität von den „braunen Buddhisten" so emotional provozieren lässt, dass er seine Fassung verliert.

Ich kenne unsere Heiligkeit immer nur sanftmütig und lieblich, doch als er seine „braunen Konkurrenten aus Bayern" sieht, flippt er total aus.

Natürlich hatte ich längst begriffen, dass auch der Buddhismus NUR eine Religion ist, aber eben eine liebliche.

Wer nicht an sich selbst glaubt, braucht irgendeine Religion oder Glaubenssätze, an die er glauben kann, die ihm Halt geben!

Für mich ist jede Religion, egal welcher Art, die Entmündigung eines vollwertigen Menschen!

Buddha wäre sicherlich erschrocken, wenn er sehen würde, was wir aus seiner Botschaft gemacht haben.

Er ist vom Königssohn zum Asketen mutiert, und als er die Dualität aufgearbeitet, erlöst hat, kam er in die Mitte – Meditation!

Diese Meditation bringt ihn in seine EIGEN-LIEBE!

Moses und auch Buddha haben ihre Lebenszeit auf Erden genutzt.

Beide haben viele Erkentnisse gewonnen und eine große Datenmenge aufgelöst. Diesen Taten sollten wir folgen …!

Nur einer, Jesus, hatte bereits bei der Geburt schon alle Programme aufgelöst und wurde deshalb jungfräulich geboren.

Religionen haben nur Anhänger, weil der Mensch seine schöpferische Basis verloren hat, Halt braucht und nicht allein in sein verloren gegangenes Paradies findet.

Deshalb braucht der blind Gewordene einen guten Hirten, der ihn hält und führt.

Was haben wir von der Vertreibung aus dem Paradies gelernt?

Religionen sind die wundersamste Nahrungsergänzung!

Wir nähren uns von Hoffnung und brauchen immer mehr Drogen, weil wir das Leben, so wie es ist, nicht ertragen.

Es gibt tausende Götter!

Doch kein Gott, kein Messias tilgt die selbst erschaffene Datenbank und löst die verdrängten Emotionen aus dem „Unterbewusstsein"!

Dumm gelaufen … und weil die Datenbank nie gestorben ist, tilgen wir noch heute mit Zins und Zinseszins!

Der Code des „Unterbewusstseins" ist entschlüsselt!

Nach all den Jahren habe ich den Code des Lebens im „Unterbewusstsein" entschlüsselt und die Lösung für dieses „unerträgliche SEIN" gefunden!

Egal, wo ich hinschaue, die esoterischen Veranstaltungen sind ganz lustig, aber warum soll ich etwas im Universum suchen oder bestellen, wenn ich alles hier auf Erden habe?

Viele malen Mandalas, die nicht einmal in Indien wirken.

Andere meditieren, damit der Kopf, die Gedanken ruhig sind.

Das ist alles ganz schön, doch ich liebe mein LEBEN mehr als den ewigen virtuellen Trostpreis, die Affirmationen, die Suggestionen oder Vorstellungskräfte!

Als ich mich dann als Reiki-Lehrerin ausbilden lasse, wundere ich mich, dass wir uns Zeichen in die Hände malen, die in Asien schon lange nicht mehr benutzt werden.

Trotzdem soll diese ungelebte Frequenz der Symbole auf den anderen übertragen werden und ihn heilen.

NUR die eigene emotionale Pulsfrequenz überträgt!

Wir messen den Blutdruck in zwei Werten.

Doch die Asiaten kennen 28 Pulsqualitäten.

CELLNESS nutzt den Emotional-Puls, der die Frequenz des „Unterbewusstseins" aufzeigt.

Als ich in der Schweiz einen Hatha-Yoga-Kurs besuche, liegt eine große Erwartungshaltung im Raum und alle bewegen sich in dieser Frequenz.

Sie erwarten eine Veränderung, damit ihr Leben sinnvoll wird.

Die momentanen Übungen nimmt kaum einer wahr, obwohl genau dies die Lehre des Yoga widerspiegelt. Jeder wartet nur auf die nächste kraftzehrende Übung, die er verbissen ausführen darf.

Die Cell-Intelligenz fehlt hier überall!

Das Leben ist doch schon komplett!

Wieder habe ich viel ausprobiert und erlebt, habe neue Richtungen des Lebens erkannt und unzählige Menschen getroffen.

Es hat Spaß und Freude gemacht!

Ich freue mich, dass ich mein schöpferisches Leben gefunden habe. Viele von ihnen suchen das Leben noch immer!

Wir wollen immer etwas haben, sind auf der Suche nach Veränderungen und Inhalten.

Trotzdem verbinden wir Veränderungen immer mit Angst.

Keiner braucht etwas verändern – es ändert sich von SELBST, wenn ich das Rezept des Lebens erkenne!

Schönheit – Lifestyle

Als Kosmetikerin mag ich Schönheitsfarmen und schöne Menschen.
Auch hier tobe ich mich aus, kenne immer den neuesten Trend, bin begeistert von dem Creme-, Öl- und Pflegekarussell.

Wir kennen nur Kosmetik von außen, die in der Cellstruktur wirken soll.

Unser größtes Organ, die Haut, will neben der Pflege auch Eigenaktivierung.

Dafür brauchen wir mehr als Masken.

Wir erfinden immer mehr Hightech-Kosmetik, doch wahre Schönheit entspringt der eigenen Cell-Intelligenz!

Wer das CELLNESS-Geheimnis lebendiger Kosmetik erlebt, bei dem werden die aufgetragenen Wirkstoffe im Körper lebendig und wirken intensiver.

Das macht der Haut Spaß und sie lohnt es mit Lebendigkeit und charismatischer Schönheit.

LifeStyle ohne gereinigte Datenbank ist NUR Kosmetik!

Nahrungsergänzung

Bei einem „wünsch dir was"-Interview in München ist Frau Lenz total begeistert von meiner Lebensgeschichte und findet meinen Ansatz großartig.

Sie erkennt, dass ich an die Kinder glaube und nicht an deren Krankheit.

Wir treffen uns für ein Gespräch und dann erzähle ich ihr von meiner Forschungsarbeit.

Sie produziert Nahrungsergänzungsmittel und Enzymdiäten, das genau in meine jetzige Zeit passt.

Seit Monaten beschäftige ich mich mit Ökotrophologie, doch ich habe eine ganz andere Idee von Körperbewusstsein und Nahrung.

Ich hatte mir ja schon die gesamte amerikanische Palette der Nahrungsergänzung angeschaut.

Dort ging es auch mehr um den Geschäftserfolg, um die Vermarktung im Strukturvertrieb, als um die Sache.

Als ich Mark Jues von Herbalife auf der Bühne stehen sehe, der die Leidensgeschichte seiner toten Mutter erzählt, sind alle Menschen tief berührt.

Sie war Schauspielerin, doch nie schlank und schön genug.

So nahm sie über Jahre Abführmittel, Schlaftabletten, Appetitzügler, alles mit der richtigen Mischung Alkohol.

Der Tod seiner traurig-schönen Mutter hat sein Leben so geprägt, dass er als junger Mann mit seiner Kräutermischung allen Frauen der Welt dieses Schicksal ersparen wollte.

Daraufhin baute er ein weltweites Imperium auf.

Emotional hat er seine Geschichte, seinen Erfolg und seinen Reichtum nicht genutzt.

Da er seine Projektion nicht erkannt und erlöst hat, geschieht ihm das gleiche „Schicksal" wie seiner Mutter.

In Resonanz wird auch er nur 40 Jahre.

Mit aufgedunsenem Körper, geschunden von Drogen und Alkohol, wird er in seiner Villa in Beverly Hills tot aufgefunden.

Mutter wie Sohn hatten die gleiche emotionale Datenbank gespeichert, doch keiner hat seinen Spam-Müll aufgelöst und in Resonanz haben beide das gleiche „Schicksal" erlebt.

Was für ein sinnloses Leben!

Weil sie NUR gestorben sind, werden beide es wieder erleben!

Ähnlich geht es mir mit dem Giganten NSA.
Mir ist schon lange bewusst, dass der Körper sauberes Wasser liebt.
Also lasse ich mir auch einen Filter an meine Wasserhähne montieren und schaue mir einen neuen Strukturvertrieb an.
Dann nehme ich drei Monate Juice-Plus-Nahrungsergänzung, in der „Hoffnung", dass es mich verzaubert!
Bei jedem Meeting werden die Bestverdiener auf die Bühne geholt, damit andere motiviert werden, noch mehr verkaufen und auch bald Millionen verdienen.
Als ich da sitze, habe ich nicht mehr die Idee von natürlichem Wasser und natürlicher Nahrungsergänzung, sondern erlebe eine hochgepushte Erfolgs- und Motivationsshow.
Dann bucht mich der Vertriebsleiter für ein Communikations-Training, damit der Sinn des Produktes direkter bei den Mitarbeitern ankommt.
Alle sind begeistert, doch in der Pause sind die Emotionen noch aggressiver als die Dollarzeichen in den Augen.
Es hat Spaß gemacht, und wieder erkenne ich die Projektionen von Nahrungsergänzung, die keiner Basis Celle nutzt!

Meine Körpercellen sind nicht an dieser Art interessiert!

Jetzt sind Partys der Trend, auf denen Ginseng, Vitamine, Enzyme, Mineralien sowie die Super-Potenzen aus Amerika und Holland angeboten werden.
Die Erwartungshaltung der Menschen ist immer enorm.
Oft sitze ich da und denke, wenn wir unseren IQ – Intelligenzquotienten – nicht einsetzen, dann sollten wir doch den EQ – Emotionalquotienten – nutzen!

Warum nutzen wir nur unseren Kopf und nicht unsere schöpferisch-intelligente Art?

Warum lässt sich die intelligente Spezies Mensch nur so manipulieren?

Irgendwie will jeder etwas an seiner Art, an seinem Körper, an seinem Leben verändern, doch bitte bequem!

BITTE NICHT an der „Komfortzone" wackeln!!!

Mir kommt das Gespräch mit Frau Lenz gerade recht!

Sie sucht jemanden, der ihr ein System und ein neues Nahrungsergänzungsprodukt aufbaut.

Ich biete ihr eine Kooperation an und sie ist von meinem Wissen begeistert.

Also rase ich zweimal wöchentlich nachts um drei Uhr an den Starnberger See, sitze um neun bei Frau Lenz im Büro, und abends um 21 Uhr fahre ich wieder 800 Kilometer nach Hause, weil ich ein schulpflichtiges Kind daheim habe.

Bisher war Frau Lenz erfolgreich mit ihren Ananas-Enzymen, und jetzt entwickeln wir miteinander eine neue Serie.

Als unsere „SHA-SHA Wellness TRI-S-Zym"-Shakes und -Cremes mit dem Fachbuch „Mein Erfolgsrezept: Enzyme" auf dem Markt sind, gehe ich mit der Schönheitskönigin Petra Schürmann auf Promotion-Reise.

Die Shakes schmecken gut, sollen den Körper beruhigen oder befriedigen und den Hunger stillen.

Die Menschen verlieren ihre Kilos, doch den Jo-Jo-Effekt nicht!

Mir reicht das alles nicht, ich weiß mehr und kenne die Basis!

Natürlich sind die Pillen, Shakes, Eiweißpulver bequem, doch nichts von dem erreicht das, wonach alle suchen.

Der Körper ist mit einer gigantischen Cell-Intelligenz ausgestattet, doch kein Mensch setzt diese ein.

Wir glauben nicht an diese Cell-Intelligenz, weil wir NUR auf die erlernte Hirn-Intelligenz hoffen, die jede Körpercelle kontrolliert!

Die allgemeine UnZUfriedenheit, Unsicherheit, die Ängste und Süchte werden nicht weniger, auch Krankheiten gedeihen in diesem Milieu!

In dieser Zeit treffe ich die spirituelle Ökotrophologin Ayla, die für eine Nahrungsergänzungskette arbeitet. Sie erklärt mir jede Körperfunktion, warum ich wann wie viele Vitamine und Spurenelemente gegen meine freien Radikale und für meine Gesundheit einnehmen muss.

Sie kennt alle Chakren, steht kurz vor der Erleuchtung, aber will nicht verstehen, dass ein vollwertiger, schöpferischer Mensch doch schon alles hat.

Sie glaubt so wenig an den MENSCHEN, an sich SELBST und besucht deshalb jeden Tag Ärzte, die dann die Produkte an die Patienten geben.

Warum glauben alle so an diesen körperlichen Mangel?

Warum machen uns freie Radikale Angst?

Warum kennen wir unsere Cell-Intelligenz nicht?

Warum traktieren wir diesen wunderbaren Körper täglich?

Die verdrängten Emotionen im „Unterbewusstsein" liefern den Stoff für die freien Radikale!

Wenn diese Munition aus dem System gereinigt ist, braucht der Körper nicht mehr um sein Über-Leben zittern!

Jede Emotion ist geladene Munition, atomare Teilchen …

eben AN-ATOM-IE!

Kein Mensch muss für einen gereinigten, schön geformten Körper hungern!

In Wahrheit schreit der Körper nur nach Cell-Nahrung!

Wenn wir den Cellen im Körper die entsprechende Nahrung geben, tut er alles für uns.

Als Geschenk zeigt er sich in Anmut, Kraft und Schönheit!

Nach diesem halben Jahr habe ich wieder gelernt, wie Vermarktung, das Produkt und der Inhalt oft nichts miteinander ZU tun haben.

Der nächste Trend ist Heilfasten!

Viele meiner Freunde machen Heilfasten und einige verbringen Wochen mit Schweigeseminaren oder Heilkuren.

Da denke ich mir, dass ich nach den vielen Narkosen und Medikamenten meinen Körper auch mal in der Tiefe reinige.

Also fahre ich in den Schwarzwald und beginne eine zweiwöchige Fastenkur.

Ich starte mit der üblichen Darmreinigung und dann trinken wir Kohlwasser, Ingwerwasser, Zitronenwasser und spezielle Tees.

Es wird nicht gegessen, damit sich der Körper reinigt und ich danach wie neu erscheine.

Früher, als mir andere davon erzählten, war ich begeistert. Doch als ich die ganze Prozedur selbst erlebe, fühlt sich das nicht so toll an.

Ich erkenne, dass der Körper durch Hungern – Nahrungsentzug – schon wieder bestraft wird.

Das ist für mich nicht die Lösung.

Den ganzen Tag wird von Essverboten gesprochen, was schlecht für den körperlichen Organismus ist, und überhaupt ist Essen den ganzen Tag das Thema.

Fasten entschlackt den Körper von wasserlöslichen Stoffen, doch der emotionale Bereich, die Fettdepots, werden nicht erreicht.

Jeden Tag wird meditiert, alles ist ganz leise und ruhig, alle sind entspannt und „denken positiv"!

Doch wehe, einem passt was nicht und er wird laut, oder ein anderer knallt die Tür, dann ist es vorbei mit der Heiligkeit und die Emotionen ballern durch den Saal.

Als ich einmal die vorgegebenen Glaubenssätze nicht annehme, weil sie mir blöd, stumpfsinnig und absolut fremdbestimmt erscheinen, werde ich wie ein Schulkind zur Vernunft gebracht.

Viele wollen hier nur abnehmen, andere wollen von irgendetwas erlöst werden, einige stehen kurz vor der Erleuchtung, andere sind so dumpf, mit denen hätten sie alles machen können.

Ich weiß intuitiv, dass das nicht die Lösung für meine Datenmasse ist.

Das Ganze ist so aufgesetzt, so virtuell, so weit vom Leben entfernt, dass ich nach einer Woche abbreche und nach Hause fahre.

Egal aus welcher Motivation jeder kam, es war für viele etwas Neues, für andere eine gute Abwechselung vom Alltag, aber glücklich habe ich keinen erlebt.

Keiner wollte erkennen, dass jeder Verzicht, der aus einer Erwartung angegangen wird, eine Strafe für den Körper ist!

Ich habe ein Kilo abgenommen, meine Haut fühlt sich gut an, doch der Entzug macht in Wahrheit unruhig.

Die Programme aus der Datenbank reizen immer weiter.

Da soviel Programme gespeichert sind, will das Gespeiste speisen, da wir glauben, dass der Körper Essen braucht und ohne nicht überlebt!

Das Ziehen der Datenbank nach Nahrung wird daheim für mich so heftig, dass es sich wie Angst anfühlt.

Der Körper verarbeitet seine Programme wie ein Computer!

Solange das alte Programm noch online ist, ist Umprogrammierung nur Kosmetik und schafft Spam-Müll!

Erst wenn das alte Programm emotional aus der Datenbank aufgelöst ist, verändert sich die Körperchemie und der Mensch fühlt sich wie neu.

Obwohl ich das alles erlebt habe, faste ich ein Jahr später noch einmal.

Nach 21 Tagen konsequentem Heilfasten und einer Woche konsequent **nicht** trinken erkenne ich unglaubliche Dinge:

In Wahrheit braucht die Verbrennungsmaschine „Körper" Nahrung NUR für ihre chemische Umsetzung und füttert damit die Programme!

Je mehr Dateien im Körper gespeichert sind, desto mehr Essen braucht der Mensch!

Je unregelmäßiger, ungeordneter, chaotischer Menschen leben, desto mehr essen sie durcheinander!

Je mehr Programme getilgt sind, desto ordentlicher und weniger esse ich.

Der Atem wird bewusster und der Darm, der sonst mit Nahrungsbrei beschäftigt ist, wirkt wie ein Atmungsorgan!

Jetzt beschäftige ich mich mit dem Wellness Trend

Ayurveda – Yoga – Pilates – Fitness

Ich lese ayurvedische Bücher, lerne fleißig neue Begriffe und mache mich auf den ayurvedischen Lebenspfad!

Auch besuche ich deutsche Ayurveda-Kliniken, die mir sehr komisch erscheinen, weil ich immer erst zum Arzt muss.

Das passt doch gar nicht in ein lebendiges System!

Erst wenn der Arzt meinen Puls diagnostiziert hat und sich all meine Krankheitsgeschichten erzählen lässt, bekomme ich die wunderbar warmen Ölmassagen, die ich in Wahrheit nur will.

Das ganze System hier ist unglaublich schwerfällig, alles ist auf Krankheit aufgebaut.

Ich vermisse die Leichtigkeit der Ayurveda-Philosophie.

Warum verharren diese Ayurveda-Kliniken so in Krankheiten?

Obwohl es doch ursprünglich eine Lebens-Art ist!

Im alten Sanskrit wurde diese wunderbare Art doch als Reinigung angeboten!

Die Antwort erlebe ich postwendend, als ich den mir bekannten Arzt aus meiner Ayurveda-Klinik in einem Kölner Hotel erlebe.

Alle Ayurveda-Ärzte und Klinikmanager sitzen dort aufgereiht, diskutieren und flehen die AOK an, dass Ayurveda anerkannt und über Krankenschein abgerechnet wird.

Ich fasse das nicht! Bei Ayurveda geht es doch nicht um Krankheiten!
Ayurveda ist eine Lebenskunst, steht für das LEBEN!

Sie bitten, betteln, streiten, sind laut und aggressiv.

Warum tun die das … hätte einer dieser Ärzte oder Manager das wahre Sanskrit-„Ayurveda" erkannt und würde danach leben, würden die Anwendungen wirklich wirken.

Warum sind wir Menschen so geil auf Krankheiten?

Wo haben alle ihr Leben verloren?

Die Pancha-Karma-Kur kommt aus dem jahrtausendealten Sanskrit und ist sehr angenehm!

Doch als mir eine Therapeutin erzählt, dass diese Kunst die Schwermetalle aus dem Körper holt, sage ich ihr, es gab doch vor 5000 Jahren noch keine Schwermetalle im Körper.

Da sagt sie: „Das ist interessant, so weit habe ich gar nicht gedacht."

Mir ist klar, dass diese Ölung immer nur der allgemeinen Körperreinigung diente und nicht der Projektion, die wir mehr und mehr dort hineininterpretiert haben.

Dann diese Duckmäuserei in den heiligen Räumen.

Ein Hüsterchen ist schon **ZU** viel … Attention!

Emotionen sind hier nicht angesagt!

Warum sind Emotionen so verpönt?

Was macht sie so gefährlich?

Die Synchronmassagen sollen mich ausbalancieren, doch mir ist es unangenehm, dass eine Dame den Massagedruck angibt, und auf der anderen Seite starrt die zweite Dame wie hypnotisiert auf die Vorgaben.

Das fühlt sich für meinen empfindsamen Körper komisch an.

Als ich dann in Bad Ems eine Freundin besuche, die jedes Jahr zwei Wochen eine Ayurveda-Kur macht, geht sie abends mit mir Kaffe trinken … heimlich. Ich bleibe noch einige Tage und schaue mir das Leiden und die vielen Geheimnisse an.

Alle sitzen fromm am Tisch und zwischen den Mahlzeiten oder abends gehen sie schnell in die Stadt, ein Gläschen Wein, ein Tässchen Kaffee und auch andere Verbote werden schnell nachgeholt.

Ich verabschiede mich nach zwei Tagen von Monika und sage: „Mir reicht es jetzt hier in Deutschland mit Ayurveda!"

Nach all diesen Erlebnissen weiß ich, dass ich mit meiner eigenen Forschungsarbeit auf dem richtigen Weg bin!

Ein Jahr später plane ich Urlaub auf Sri Lanka und erkundige mich nach einer wirklich originalgetreuen Ayurveda-Kur.

Ich telefoniere mit Hotels und Pensionen, die Ayurveda anbieten. Alle erklären mir, dass ich während der Kur nicht in die Sonne, nicht schwimmen darf, auch Alleingänge sind verboten.

Sie wollen von mir ausgefüllte Listen mit allen Krankheiten für die Anamnese und ich höre am Telefon nur, was ich nicht darf.

Beim letzten Telefonat frage ich den Direktor des Hotels: „Darf ich wenigstens alleine atmen?" Ja, denn sie bieten eine ursprünglich ayurvedische Atemtherapie an! Ich frage mich, warum das alles so anstrengend ist und verabschiede mich – das war es!

Der neue Weg

Instinktiv spüre ich, dass diese Sache einen guten Kern hat, der mich interessiert. Also mache ich nicht auf Sri Lanka Urlaub, sondern in meiner Cell-Intelligenz, und schaue mir das wahre Sanskrit an.

Jetzt will ich wissen, was Sanskrit-Ayurveda wirklich ist, da mir das alles so verdreht erscheint. Wir haben aus dem wunderschönen Ayurveda wirklich eine Therapie gemacht.

Die Wahrheit finde ich in meiner eigenen Cell-Intelligenz und sehe, dass ich die unterschiedlichsten Ayurveda-Arten in meiner Datenbank gespeichert habe. Im wahren Sanskrit geht es nicht um Heilung, Therapie oder Hokuspokus, es geht darum, dass sich der Gleitstrom ausbalanciert, dass die Wahrnehmung mit dem Gehirn wieder in Balance kommt.

Dann setze ich meine Erkenntnisse der Körperwahrnehmung in die Praxis um.

Ich habe meine wunderbare Art der Körperwahrnehmung vielen Menschen gezeigt. Jeder erinnert sich irgendwie und sagt, dass er das kennt!

Es ist so einfach und schön!

Diese Nähe mit sich SELBST ist wie heimkommen!

Vor allem Europäer und Amerikaner haben ein großes Problem, weil sie **Wahrnehmung** mit **Denken** verwechseln!

Kaum einem ist bewusst, dass unser Gehirn jede Celle kontrolliert und deshalb die Wahrnehmung keine Chance hat!

Nur Alkohol, Drogen, Koma, Medikamente, Narkosen dürfen kurzfristig die Kontrolle über das Bewusstsein übernehmen!

Ich habe viel erfahren und erkannt, dass auch bei Ayurveda die Technik wichtiger ist als die Wahrnehmung im Menschen!

Ich arbeite immer in der Körperwahrnehmung, damit das Gehirn nicht kontrollieren kann und der Körper wieder erfrischt wird.

Kein Mensch hat eine Idee, wie versklavt und eingesperrt unsere Körpercellen leben müssen.

Körperwahrnehmung

Jetzt höre ich von Josef Pilates, der schon vor vielen Jahren unter schwierigsten Bedingungen körperliche Aktivität mit der Körperwahrnehmung in Einklang gebracht hat.

Ich buche bei der Pilates-Trainerin Sabine 20 Einzelstunden.

Sie begeistert mich mit ihrem Fachwissen, auch die Einfachheit von Pilates fasziniert mich.

Später treffe ich Gleichgesinnte und sehe jedes Mal, dass sie zwar Pilates machen, aber die Grundbasis nicht in ihrer Chemie aufgenommen haben.

Als ich meine Art der Körperwahrnehmung anbiete, erträgt kaum einer, dass nur das „Power House" arbeitet und der Rest „vom SELBST" kommt.

Alle wollen immer alles in Spannung halten. Es ist für alle sehr schwer, die Muskeln ZU lockern und die Bauchspannung ZU halten.

Kein Wunder, dass so viele Menschen Krampfadern und Gelenkprobleme haben; in Wahrheit sind die Arme und Beine nur Antennen, die an die Erde senden.

Fußballer haben so starke Oberschenkel, dass sie gar nicht merken, wie angespannt sie sind. Männer wie Frauen tun sich schwer, alle Glieder und Muskeln ZU lockern und NUR die Bauchspannung ZU halten.

Jeder baut immer wieder kleine Tricks ein, weil diese Einfachheit unerträglich ist!

Wir zwingen den Körper bei jeder sportlichen Aktivität zum Arbeiten. Keiner setzt seine Cell-Intelligenz ein, die tausendfach brillanter ist als die erlernte Intelligenz.

Immer wieder erlebe ich diese Dumpfheit, und das motiviert mich, dass ich Aufklärungsarbeit für Körperwahrnehmung anbiete – CELLNESS.

CELLNESS ist Wahrnehmung aus der Basis Celle

Auch Sport, Fitness, Wellness und Body-Forming interessieren mich.

Als ich mich vor Jahren in einem Fitnessclub anmelde, werde ich wie ein Roboter behandelt.

Ich werde gemessen, gewogen, Fettanteile werden errechnet – alles per Computer!

Dann kommt die Trainerin und weist mich in die gigantische Technik der Fitness-Welt ein.

Nach jedem Training muss ich mich vom Computer abmelden und beim nächsten Mal wieder anmelden.

Die Trainer bemühen sich freundlich … nur keine direkte Nähe … immer schön Distanz halten!

Wir trainieren in einem wunderschönen Ambiente, doch nach zwei Monaten reicht mir diese schweißtreibende, leblose Welt.

Wenn ich Jogger im Wald sehe, wie sie hechelnd ihre Vitamine und Mineralien aus dem Körper schwitzen, sehe ich die körperliche Anstrengung. Wir wissen nicht, dass der Körper damit permanent in Angst – im Defizit lebt.

Nur scheinbar fühlen sie sich danach besser, haben ein gutes Gewissen, sind emotional gelassener.

Doch für die Körpercellen ist das eine pure Vergewaltigung, da dem Körper wichtige Elemente entzogen werden!

Deshalb müssen Leistungssportler so viele Präparate in Form von Nahrungsergänzung nehmen, damit sie überhaupt Leistung bringen können.

Diesen manipulierten Schwachsinn nennen wir dann auch noch Energie!

Energie

Was ist Energie?

Wie entsteht Energie?

Wofür braucht der Mensch „angeblich" so viel Energie?

Jeder ist bedürftig und schreit nach Energie.

Energie ist ein megawichtiger Modebegriff geworden!

Verwechseln wir da den emotionalen Zündstoff mit Energie? Ist der Zündstoff die Energie?

Die Basis Celle kennt und braucht keine Energie!

Energie ist NUR die emotional geladene Masse – der Zündstoff im Menschen, der immer auf zwei gegensätzlichen Polen basiert.

Energie ist ein Zweipolsystem mit der Anziehungkraft von Plus und Minus.

Bei genauer Betrachtung schwingen postiv wie negativ geladene Teilchen immer auf gleicher Frequenz!

Wir alle unterliegen dem größten Lebensirrtum, dass „Power" etwas „Positives" ist.

In Wahrheit kommt diese Anziehungskraft aus den „negativ" geladenen atomaren Teilchen.

Die Lebensbasis der ERDE lebt im Zweipol-Organismus, der sich gleichwertig von Plus und Minus Schwingungen nährt.

Der MENSCH hat damit nichts zu tun. Er holt seine Lebensbasis aus dem reinen Schöpferatem. Nur die Emotionen sind geteilte atomare Datenmasse – nicht der Mensch.

Seit der Mensch seinen Wert und seinen Ursprung vergessen hat, **be**-urteilt und **be**-wertet er.

Daraus entstand die heutige atomare Masse; diese Teilchen schwingen im Körper in „positiv und negativ".

Hier zeigt sich die Vertreibung aus dem „Paradies"; seitdem muss der Mensch zwischen GUT und BÖSE wählen.

Im Laufe der Evolution hat sich so viel atomare Masse im Körper gebildet, dass wir glauben, dieses sei unser Lebenspotenzial – unsere Power.

Wer energiegeladen – powervoll ist, feuert nur atomare Teilchen nach außen, identifiziert sich mit den Polen.

Diese grauenhafte Masse ist nur der Rest vom Über-Leben – LEBEN ist das nicht!

Diese Verdrehung ist die schlimmste Verirrung der Spezies MENSCH.

Verstehen Sie jetzt, warum in Gor-Leben das LEBEN gort?

Statt die eigene atomare Datenmasse im eigenen Körper auflösen, schieben wir die sichtbare atomare Masse mit höchstem Polizeischutz = Freie Radikale von einem Ort zum anderen.

Die Erde hat schon lange die Nase voll von unserem atomaren Müll und schüttelt sich in Form von Katastrophen. Was muß noch alles geschehen, damit wir verstehen und erkennen?

Die Erde braucht keine Rettung, sie hält ihren Organismus lebendig.

Der MENSCH muss sich selbst retten… und alles ist gut!

Umweltschützer sind ganz Schlaue: Sie projizieren ihre freien Radikale auf die Erde, damit sie ihre eigene Datenmasse nicht lösen müssen.

Unser Mutter Erde interessiert unser dummes Spiel nicht, unermüdlich wirft sie uns den Spielball, womit wir sie **be**-nutzen, zurück.

Menschen, die ihre emotionale Datenmasse auflösen, LEBEN; das ist wahre POWER, die, wie das LEBEN, unvergänglich ist!

Hier sehen Sie, wie der Positivpol den Negativpol anzieht und umgekehrt:

Frieden aktiviert Krieg
Liebe kennt Hass
Böses verlangt nach Gutem

Arm sieht Reich
Jeder Pol lebt „unbewusst" im Schatten des anderen!

Auf Erden schwingt alles in der magnetischen Anziehungskraft von zwei Polen!

Der Mensch – das LEBEN SELBST kennt keinen Pol!

Er ist und bleibt für immer die Schöpfung!

Diäten und Schönheitskarussell

Schon vor 15 Jahren wurden Kalorien gezählt, und die Statistik sagte mir, dass ich bei 1,76 Meter Körpergröße ein Idealgewicht von 75 Kilo habe. Ich fühle mich schon unterernährt, weil ich nur 65 Kilo auf die Waage bringe.

Vor zehn Jahren hatte ich mit 70 Kilo das Traumgewicht.

Heute errechnen wir den BMI = Body Mass Index, und da bin ich bei meiner Größe mit 75 Kilo bereits übergewichtig.

Was ist denn richtig?

Wem oder welcher Maßeinheit soll ich glauben?

Wer gibt mir eine Antwort?

NUR ich SELBST – mein Wohlgefühl zählt, und keine Statistik dieser Welt hat das Recht, mich ZU tyrannisieren!

Jeder Zeitgeist erfindet sein Modediktat und alle hecheln hinterher!

Lassen Sie sich nicht länger von der Industrie, von Statistiken oder Ernährungspäpsten, die Unsicherheit und Angst schüren, den Kopf verdrehen.

Schauen Sie auf sich SELBST – mögen und achten Sie sich erst einmal so, wie Sie jetzt sind.

Damals waren Rubens' üppige, wohlgeformte Frauen Weltklasse, heute würden sie durch alle Raster fallen!

Aber schön sind sie doch!!!

Jede Zeit hat ihre Gesetze und jeder sollte sich so lieb haben, dass er sein Wohlfühlgewicht zeigt.

So entsteht wahrer Selbst-Wert!

Ich schaue mir noch viele Bücher an, probiere einiges aus, doch erlebe immer das Gleiche.

Herr Buchinger war vor 25 Jahren der Ernährungs-Guru und schwor auf Körner jeder Art.

Früher waren wir froh, dass es überhaupt Brot gab.

Heute finde ich in der Bäckerei volle Regale mit gesunden und vollwertigen Brotsorten.

Offenbar ist der Vollwert für den Menschen entdeckt!

Wenn dieser Vollwert doch endlich auf den Menschen, der ihn isst, übertragen würde, dann hätten Sorgen, Probleme, Krankheit und Ängste nicht diese Macht über uns!
    Volles Korn, und du bist gesund!

Unsere verdrängten Emotionen sehen das ganz anders!

In der **Mayr-Kur** werden Semmeln in Milch gelegt.
    Ich sah dort nur Blasse, Kranke, unterwürfige Nobodys.
    Sie schleichen den ganzen Tag umher wie Sünder und wollen ihre Last, ihr Leid loswerden.
    Hier hat Hungern etwas Heiliges, Sakrales.

Diäten

Die Hollywood-Diät mit Ananas oder Papaya war jahrelang der Trend!
Sie dürfen nichts außer Ananas / Papaya essen, doch leiden an der Säure und pelziger Mundschleimhaut!

Jane Fonda folgt der Hollywood-Diät und begeistert die Welt mit Aerobic.

Bei ihr sieht alles gut aus … sie ist hübsch und hat einen wunderschönen Körper.
Doch die Kopien in den Studios erlebe ich als schlechte Gruppentherapie.
Viele klagen über Rückenschmerzen, doch die Trainerin macht einfach weiter.
Sie sollten den nicht so bewanderten Teilnehmern diese spezifischen Übungen immer wieder neu zeigen, bis es angekommen ist.

Die Gruppenturnerei ist erst dann schön für den Körper, wenn das Körpergefühl vorhanden ist!

Deshalb sollte der Interessierte bei jeder Art von Körperbewegung erst einmal einige Privatstunden nehmen, damit ein Gefühl für die Bewegung entwickelt wird.

Fit for Fun und Trennkost machen Spaß, doch erfüllen meine Cellen nicht!

Die Schroth-Kur mit ihren trockenen und nassen Tagen wäre eine ideale Diät für Alkoholiker.
Nach dem Kurschattenmotto: Vier Wochen Stern und anschließend Schnuppe! Diese Kuren sind out, weil ja heute Sex überall möglich ist.

Die Hay'sche Trennkost trennt Eiweiß und Kohlehydrate!
Mein Körper freut sich, wenn ich mich danach ernähre.
Doch die Chemie, die Grundeinstellung, stimmt nicht.
Wir reden und denken in Trennung, wie soll der Körper das verstoffwechseln?
Die Menschen sind somit emotional auf Trennen eingestellt, und das arbeitet gegen sie!
Mir fehlt der letzte Kick!
Der Sinn ist super, doch die Einstellung stimmt nicht!

Die Majo-Diät zielt auf kurzfristigen Gewichtsverlust, doch nicht auf Cell-Nahrung.

Die Atkins-Diät erlaubt Fleisch und Fett, Kohlehydrate sind verboten. Der Stoffwechsel wird lahm und die Cellen verstopfen langfristig.

Viele Menschen schwören auf die **5-Elemente-Lehre.**
Ich bin nur bis zur Darmreinigung gekommen.
Morgens auf nüchternen Magen muss ich 2 Liter Meersalzwasser trinken und dann direkt 2 Liter warmes Wasser hinterher. Dann dreimal die zementartige Kräuterpaste nehmen und den Rest des Tages selbst gekochte Algensuppe trinken.
Am zweiten Tag machte mein Körper dicht und ich schaffte gerade mal zwei Tassen Meersalzwasser. Die Paste geht noch.
Am dritten Tag spuckte ich das Meersalzwasser direkt aus.
Da reicht es mir, bevor mein Körper überall Wasser staut.
Mir geht es eine Woche schlecht.
Eine total kranke Idee!
Auch hier wird wieder sehr deutlich, dass wir Menschen glauben, dass sich das Leben mit Essen nährt!

Ich spreche immer aus der Sicht der Basis Celle, nicht aus der Sicht der Atome!
Weder die Basis Celle noch die Cellen brauchen Salz.

Wir schütten auch kein Salz ins Meer.

Das Meer produziert selbst Salz, genau wie unser Körper, wenn er einen aktiven Stoffwechsel hat und nicht durch emotionale Datenüberladung oder Stress ausgelaugt wird!

Warum sehen wir unseren wunderbar komplexen Körper in seiner mikrofeinen Chemie immer als fehlerhaft an?

Immer müssen wir ihm was geben, damit er arbeitet und funktioniert.

Nie reicht es ... Immer erfinden wir neue Raffinessen, was er noch alles braucht, damit er über-lebt!

Die Basis Celle nimmt weder Salz noch Zucker auf!

Der ständige Input im Gehirn, die emotionalen Reize verlangen nach Zucker, damit der gewaltige Datensalat vom Gehirn bewältigt werden kann.

Die Anatomie sagt, das Gehirn braucht ständig Zucker, damit es den gewaltigen Datensalat überhaupt bewältigen kann.

In unserer evolutionären Verirrung sehen wir unseren Körper heute nur noch aus der Sicht der Anatomie: nämlich in Atomen!

In Wahrheit zeigt der gesamte Körper NUR die selbst gewebte emotionale Datenbank.

Auch Koffein war viele Jahre gesundheitsschädlich, schlecht für den Körper und noch gefährlicher für Kinder.

Plötzlich, völlig unerwartet, weckt uns das Koffein auf, denn das Modediktat sagt, dass Koffein für alles gut ist!

Auch die Harvard University bestätigt, dass Koffein die Kreativität und Konzentrationsfähigkeit fördert, den Serotoninspiegel vorübergehend verbessert und überhaupt super für alles ist.

Koffein lässt aus heiterem Himmel die Verbindung zwischen den Cellen schneller werden!

Früher wurde aus Angst vor Krebs vor Koffein gewarnt, heute sagt die Wissenschaft, dass es vor Krebs schützt!

Wie dumm sind wir eigentlich?

Warum wollen wir nicht merken, was wir da tun?
Man kann uns vorsetzen, was **man** will!
Wo bleibt unsere Eigenverantwortung?

Warum ist Krankheit so lukrativ …
und das Leben so wenig wert?

Krankheit hat in unserer Gesellschaft den höchsten Status. Gesundheit und das Leben selbst haben in unserer Gesellschaft keinen Marktanteil.

Die Lebens-Aktie wird mit Krankheit gehandelt.

Gesellschaftliche Gespräche zielen meistens in Richtung Problem. Wir jammern, leiden und erzählen so gerne Krankheitsgeschichten.

Warum lassen wir nicht endlich unseren Körper leben!

GLYX-Index, Fatburner, Low Fat, Low Carb, Stoffwechselbalance, Weight Watchers und Säure-Basen-Kuren stehen hoch im Kurs.

Ich finde es schade, dass auch die sensationelle Forschung, der Metabolic Boom von Michel Montignac, für Kranke entwickelt wurde und doch wieder in Krankheit stecken geblieben ist.
Seine Diäten-Forschung nutzen Diabetikern und Menschen mit hohem Cholesterinspiegel.

Mir ist lange bewusst, dass der Baustein jeder Celle Protein ist.

Auch das Insulin ist ein Eiweißhormon.
Oft kommt es durch eine Übersättigung von schlechten Kohlehydraten im Blut ZU einem Überschuss an Insulin.
Die körpereigene Reaktion heißt Heißhunger.
Dieser wird gerne mit noch mehr Kohlehydraten gestillt.

Der Teufelskreis beginnt.

Die Bauchspeicheldrüse wird im Laufe der Jahre zum Bauchspeicher der Kohlehydrate!

Deshalb reden wir heute von der Insulin-Falle!

Endlich erfüllt uns die **Sensations-Diät „Schlank im Schlaf"** alle Träume! Der Stoff, aus dem die Träume sind!

Der Ansatz ist wie bei allen Stoffwechselkuren.

Doch wir sind heute keine Ackerbauern mehr und leben auch nicht im Zeitalter der Nomaden.

Mir ist es unvorstellbar, dass bei diesem fachlichen Wissen

4 Brötchen = schlechtes Kohlenhydrat,

Margarine = gehärtetes Fett, Lebensvernichter,

Marmelade = Zucker, Süßstoff und

Banane = Fruchtzucker

zum Frühstück angeboten werden!

Fast jedes Rezept beinhaltet Zucker, das erfreut die Insulin-Falle und tötet Cellen!

Die Metabolic-Balance-Diät ist ein Stoffwechselprogramm, das das Gewicht reduzieren soll.

Schade, dass diese schöne Idee wieder von Ärzten, Heilpraktikern und Ernährungsberatern zur Krankheitsaktie gemacht wird.

Wir haben uns so an Krankheit gewöhnt, Leiden ist so lukrativ geworden, dass wir diese Schwingung gar nicht mehr wahrnehmen!

Im Labor wird das Blut untersucht und der Computer wertet den Plan aus.

Wo ist der Impuls des Menschen?

Wo ist das Leben – wo ist der Mensch?

Wie immer bleibt er auf der Strecke!

Dieses Programm wird für Heilerfolge im Krankheitsbild, für Diabetiker, Cholesterinsenkung, bessere Laborwerte und vorbeugend für die Gesundheitserhaltung genutzt.

Schade, dass keiner merkt, dass sich diese Frequenz in Richtung Mangel und Krankheit bewegt, da diese emotional vorhanden sind.

Es werden Diät-Fangnetze in die Welt geworfen und alle verfangen sich mit ihrem Defizit darin!

Sind Diäten so beliebt, weil wir uns mit jeder aufs Neue kasteien können?

Wie weit sind wir alle vom Leben, von der Basis entfernt?

Wie brutal, dass dieses wunderbare LEBEN für Probleme, Sorgen, Leid, Schmerzen, Ängste oder Krankheit vergeudet wird, statt im Sinne der Schöpfung leben!

Wechseljahre

In Wahrheit sind die Wechseljahre etwas ganz Besonderes, weil sich jetzt die Programme der Fruchtbarkeit in reife Früchte verwandeln.

Statt die Früchte des Lebens ernten, jammern viele Frauen, weil der Körper Schwerstarbeit leistet!

Ich lese das Hormon-Yoga Buch, in dem Übungen zur hormonellen Balance in den Wechseljahren gezeigt werden.

Dort wird mir erklärt, wie Energie durch die Wirbelsäule gelenkt wird. Warum Energie?

Damit das Klimakterium ins Gleichgewicht kommt, werden Soja-Präparate angeboten, Hormonpflaster aufgeklebt und Hormontabletten aller Art geschluckt. Hauptsache, das Schwitzen wird unterdrückt, wegen der emotionalen Peinlichkeit!

Emotionen sind in unserer Welt verboten!

Wenn die Frauen doch endlich begreifen würden, dass in den Wechseljahren NUR die eigenen gespeicherten Programme neu gemischt werden und der Körper die gesamte Datei neu sortieren muss.

Doch das weiß kaum einer!

Statt diese Zeit für die eigene Entwicklung, für das neue Leben nutzen, wird ein Krankheitsbild, ein Symptom daraus gemacht.
Diese Verdrehung geschieht nur aus Unwissenheit.
Keiner weiß, wie die offenen Windows der Datenbank gereinigt werden!

Ich kenne eine Brücke, mit der Sie bestens über die „anstrengenden" Jahre kommen und den „Hot Summer" genießen können!

Resümee

Hier und da hat es mir etwas gebracht, die Erfahrungen waren gut, aber auch anstrengend.

All das macht Spaß, doch überall fehlt mir der Mensch!

Die vielen Angebote für gesunde Nahrung, der tägliche Genuss neuer Lebensmittel und Nahrungsergänzung sind wunderbare, paradiesische Verführungen!

Das LEBEN SELBST wirkt dabei wie eine Randerscheinung!

Es ist längst an der Zeit, dass wir uns mit dem Leben, mit der Basis im Menschen beschäftigen!

Wir sollten den Körper wieder lehren, wie er sein eigenes System bewegt.

Finden Sie es nicht auch sehr widersprüchlich, sehr grotesk, dass wir hier in Europa über Hunger sprechen?

Warum bilden wir uns ein, dass unsere Lebensart die einzig richtige ist?

Warum haben wir so große emotionale Schwierigkeiten mit Ländern, die wirklich hungern?

Können Sie sich vorstellen, dass diese Menschen in einer Lebensphase sind, in der sie sich nicht mit Essen beschäftigen?

Lassen Sie doch diesen Menschen ihr Lebens-Schuljahr, damit auch sie in Ruhe ihre Hausaufgaben machen können!

Die hungrigen Kinder der Welt emotionalisieren uns, weil sie kein Essen haben.

Doch sie selbst fühlen Hunger anders als wir!

Wir sollten lernen und erkennen, dass die „Dritte Welt" nur ein Schatten des eigenen „Unterbewusstseins" ist, denn es sind unsere projezierten Emotionen, nur 180 Grad verdreht!

Warum bewegen uns Menschen, die verhungern, weil sie kein Essen haben?

In unserer „emotional Dritten Welt" leben Tausende, die Essstörungen haben oder an Magersucht erkrankt sind.

Auch hier dreht sich alles ums Essen.

Sie werden betüddelt, therapiert und gezwungen ZU essen und doch verhungern viele am reich gedeckten Tisch.

Meistens sitzen die Liebsten hilflos daneben und müssen sich das Elend ansehen…

Welch brillianter Rachefeldzug!

Auch hier erleben wir die hochexplosive Datenmasse in der Co-Abhängigkeit!

Es ist so einfach, wenn wir endlich begreifen!

Wir, die täglich nach Anerkennung, Liebe, Glück und Streicheleinheiten hungern, sollten bei dem Thema Hunger den Mund halten, statt diskutieren.

Wir hungern genauso wie der Rest der Welt, sonst könnten wir emotional nicht so brutal erreicht werden.

Vielleicht sind wir in den Augen der „Dritten Welt" die Analphabeten!

Die dürfen noch emotional sein – wir nicht.

Mit einer vollen Speisekammer über Hunger reden …
mit einer gefüllten Brieftasche von Armut reden …
ist für mich asozial!

Die globale Welt

hat ihre Datei geöffnet und jagt uns aus unserer Begrenzung, damit unsere Datenbänke aufgelöst werden.

Doch wir lassen uns noch mehr reizen und werden weiterhin von Informationswellen überflutet.

Den wahren Sinn einer offenen globalen Welt erkennen wir nicht!

Wir leben in dieser offenen Welt, damit wir den emotionalen Stoff für die Auflösung unserer gespeisten Datenbank haben.

Weil uns das nicht bewusst ist und wir die Emotionen nicht nutzen, explodiert die ungeklärte Masse in Krankheit, Gewalt oder Katastrophen.

Vergessen Sie in ZU-Kunft nie mehr, dass es IHR Hunger ist, den Sie da spüren, dass es IHRE Emotion ist.

Die „Dritte Welt" öffnet ihre Windows-Datei, wir gehen online, und in Resonanz ist unsere „unbewusste" emotionale Datenbank aktiviert!

Das ist sicherlich eine etwas heftige Kost, aber je früher Sie sich damit beschäftigen, desto schöner wird Ihr Leben!

Der Nachkriegszeit folgte das Wirtschaftswunder.

Im Technologie-Zeitalter entpuppte sich die Golf-Generation, und jetzt jagt uns die Zündstoff-Generation.

Fragen Sie mal Ihre eigenen Cellen, wie armselig die sich fühlen, wenn sie täglich emotional mit Gesundheitslehren, Life-Diktaturen, Zweifel, Lebens-Krisen, Angst-Cocktails, gefüttert werden!

Unser „täglich Brot" reicht eben nur von Gesundheit in Krankheit … von Krankheit in Gesundheit!

Wir beschäftigen uns den ganzen Tag mit Essen und erleben trotzdem das tausendfache Cellsterben. NUR schade, dass dieser Prozess „unbewusst" abläuft!

Wer sich gar nicht mehr erträgt und viele Diäten erfolglos erlebt hat, lässt sich fein säuberlich das Fett absaugen oder macht sich in Form von Schönheitschirurgie schöner!

Es ist höchste Zeit, dass wir uns auf das WUNDERWERK Körper einlassen und uns mit emotionalen Nahrungsmitteln beschäftigen!

Emotionen sind und bleiben die größte Herausforderung und sind das „täglich Brot" aller Menschen!

Ob Sie essen oder hungern, dick oder dünn sind: Den Billiarden verdrängten Emotionen im „Unterbewusstsein" imponiert das nicht!

Sonst würden unsere SCHÖNSTEN der Welt und die Topstars nicht wie Biafrakinder herumlaufen und Drogen konsumieren!

Wenn diese Menschen doch endlich jemanden finden würden, der ihnen die schrecklich grausamen Emotionen aus ihrem „Unterbewusstsein" abkaufen würde, dann wären sie wirklich reich und unsterblich!

Das macht sehr deutlich:

Wer nicht an seinen emotionalen Spam-Müll herangeht, kommt aus der Insulin-, Sucht-, Diäten-, Angst- und Drogen-Falle nicht heraus!

Emotionen

Wir haben „1 LEBEN" und 1.000.000.000.000.000 emotionale Erlebnisse!

Liebe, Zärtlichkeit, Freude, Lust und Frust sind Emotionen.
  Angst, Wut, Ärger, Gewalt, Schadenfreude auch.
  Sie verletzen, werden missverstanden und sie sind gefährlich.
  Wir nehmen lieber keine Emotionen wahr, damit sie „unbewusst" bleiben ...
  Oder wollen wir sie gar nicht kennen?
  Meine Güte ... was sind wir doch für Selbstbetrüger!

Der Verstand sagt: Vorsicht, Emotionen!!!
  Ich will sie nicht wahrnehmen, damit ich keine Verantwortung tragen muss oder verletzt werde.
  Wir dachten bis heute, Emotionen seien eine schwere Last ...
  Ich sage NEIN ... nur die **Bewertung** der Emotionen ist schwer.
  Und gedachte Emotionen wiegen noch Tonnen schwerer.

Warum haben wir so große Probleme, Emotionen zeigen?

Was macht sie so gefährlich?
  Warum trennen wir Emotionen in positiv und negativ?

Woher kommt diese Angst?
  Im Laufe der Evolution hat der Mensch viel erlebt, und weil jedes Ereignis chemisch mit Emotionen verbunden ist, hat sich eine gigantische Datenbank in jeder Celle aufgebaut.
  Das Verhängnisvolle ist, dass wir uns mit den Emotionen des Erlebten identifizieren ... nicht mit dem puren Erleben!
  Emotionen werden immer in posi-tief und nega-tief **bewertet**.

Wir verwechseln die **Bewertung** mit der Emotion.

Reines Erleben ist WERT-frei.

Heute leben wir **global** in einer Zündstoff-Generation, weil wir ständig **be**werten.

Die **Be**wertung entfernt **vom** Erleben der Emotion. Dadurch potenziert sich der Zündstoff in jeder Körpercelle, weil er nie aufgelöst wird.

Doch irgendwann ist das Maß voll und die Atome der emotionalen Masse zeigen sich.

Jeder Mensch ex- oder implodiert entsprechend seiner Datenbank!

Beim einen explodieren die Atome nach außen:

Gewalt, Amokläufer, Selbstmordattentäter, Umweltkatastrophen, zwischenmenschliche Kampfansagen, Unfälle, Mörder, Kriege …

Analog zur Explosion funktioniert die Implosion.

Die zeigt sich in Form von:

Krankheiten, Meditation, Selbstzerstörung aller Art, Krebs, Aids, positivem Denken …

Jede Art des Mangels landet, je nach Datenbank, in der Explosion oder Implosion, weil sich die IONEN auf natürliche Weise vom Druck befreien und entladen müssen.

Das gleiche Phänomen kennen wir beim Gewitter, in der Physik und der Chemie.

Doch die emotionale Entladung, die jeder Mensch täglich billiardenfach erlebt, nehmen wir nicht mehr wahr.

Die Krönung meiner Forschung

Plus- und Minus-Ionen trennen nicht zwischen Bewusstsein und „Unterbewusstsein"!
Weil sich der Mensch mit Emotionen identifiziert und nicht mehr mit der Basis Celle – der Schöpfung, entsteht das „Schwarze Loch", das wir ANGST nennen.
Mit dieser Sichtweise gibt es nicht wirklich ein „Unterbewusstsein".

Warum emotionalisiert die Tsunamiwelle Milliarden am Fernseher?
Weil viele Menschen mit der eigenen Druckwelle online waren, haben sie diese Resonanz erlebt.
Wie es emotional in uns aussieht, zeigen die Spenden.
Weil keiner erst einmal seine Emotion auflöst und dann spendet, potenziert sich das ganze Leid global.
Verstehen Sie, warum sich 100.000de aufregen, wenn „1 Mensch" mordet?
Oder wenn in den Medien von „1 Kinderschänder" berichtet wird?

Die täglichen Soaps oder Gerichtssendungen sind auch nur emotionale Trigger, damit Sie online gehen!
Solange wir nicht jede Emotionen fürs LEBEN nutzen …
jede BE-Wertung als eigenen Wert sehen …
müssen wir leiden und Angst ertragen.

Mit CELLNESS erkannte ich, dass Kohlehydrate in direkter Resonanz mit offenen Emotionen online sind!
Auf Volksfesten essen wir gerne schwere Kost wie Würstchen, Kartoffelsalat, Pommes mit Mayo, Schweinshaxen …
Weil wir mit der emotionalen Datei dieser „schweren" Menschenmasse in Resonanz sind, essen wir diese Kost.
Wir fühlen uns schwer, doch emotional sind wir nicht satt.
Proteine frequentieren mit der Basis Celle!

Im Sommer scheint die Sonne, ich trage leichte Kleider und fühle mich emotional beschwingt.

In Resonanz esse ich Fisch mit Gemüse, Schafskäse mit Salat, Hühnchen mit Wok-Gemüse, mein Körper verwertet die Proteine direkt und speichert keine Fettdepots.

Weil heute alle mit einer komplett überfüllten Datenbank leben, essen wir in Resonanz fettreiche Kost und schwere Kohlehydrate.

Wir haben das Gefühl, dass der Lebens-Baustein Eiweiß nicht reicht, nicht satt macht, und fügen für die emotionale Sättigung sicherheitshalber noch ein paar Kohlehydrate bei.

Ein unglücklich Verliebter isst Schokolade, der andere gar nichts und der Nächste säuft, je nach emotionaler Datenbank!

Niemand der emotional hungert wird vom Essen satt!

Ich habe vielen Menschen ein schönes Angebot für das LEBEN gegeben …

Einige haben es genutzt und die Ionen ihrer Emotion mit Leichtigkeit und Spaß erlöst.

Für andere waren die verdrängten Ionen die Identifikation des Lebens, wertvoller als ihr kostbares LEBEN!

Ich habe viele Menschen erlebt, die lieber an ihrem Krebs oder anderen Krankheiten gestorben sind, statt ihre implodierten Emotionen mit mir auf einfache Weise auflösen.

Denken Sie keinen Tag länger über Ihre Emotionen nach!

Statt weiter Angst haben, leiden oder sich hinter Krankheiten verstecken, lösen Sie doch einfach Ihre Emotionen auf!

Kein Gott wird das für Sie tun – und die nächste Lebens-Runde startet mit der gleichen emotionalen Datenbank! Wir müssen sie sowieso lösen – worauf warten wir noch?

Auflösen macht Spaß und erfüllt. Das erleben Sie auf dem Basis-Kurs.

Nutzen Sie dieses schöne Angebot für IHR Leben!

Das Wunder „Mensch"

Es gab weltweit nur einen Mann, der der ganzen Welt sagte: Mein Reich ist nicht von dieser Welt!

Er wusste, dass 5000 Menschen von 5 Fischen satt werden.

Er war es, der uns eine saubere Datenbank offenbarte, deshalb wurde er jungfräulich geboren!

Dieser Mann kam mit einer reinen Datenbank in diese Welt, er kannte keinen Unterschied zwischen Bewusstsein und „Unterbewusstsein"!

Jetzt leben wir schon seit über 2000 Jahren nach seiner Zeitrechnung, doch nicht in seinem Geist!

Der Hunger nach LEBEN, LIEBE, NAHRUNG jeder Art ist so groß wie vor 2000 Jahren!

Warum werfen wir nicht, wie er es tat, unser Kreuz ab und gehen in das „Ewige Leben"?

Jesus hat uns das Leben offenbart, doch niemanden erlöst.

Das muß jeder SELBST tun, weil das der Sinn des Lebens ist!

Das Wunderwerk Mensch – dieses schöpferische Wesen – will endlich gesehen werden und leben!

Bis heute haben wir NUR die Programme bewegt, vervielfacht und genährt ... nicht das schöpferische Leben!

Als Trostpflaster haben wir uns „Positives Denken" antrainiert, doch heute weiß jeder, dass es nicht wirklich funktioniert hat.
Auch die Psychologie hat das bereits erkannt!

Das Leben ist ein schönes Abenteuer und macht Spaß!

Mit meinem Pioniersinn habe ich mir unsere verdrehte Lebensart immer weiter angeschaut, damit ich den Irrtum von Sport, Wellness, Ernährung, Fitness, Diätenwahn, Massagen, Kuren, Pilates, Yoga usw. besser erkenne.

Ich weiß heute, dass viele Menschen auf der Suche sind!

Alle hungern nach irgendetwas und wollen gestillt werden!

Keine Ablasszahlung erlöst den emotionalen Hunger!

Wir essen und trinken in dem Glauben, dass sich der Körper nicht selbst ernähren kann!

Wir kennen die eigene, perfekt arbeitende Cell-Intelligenz gar nicht und missachten unsere Basis Celle!

Die Körperfunktion, diese gigantische chemische Verbrennungsmaschine, braucht Essen.

Für die proteinhaltige Basis Celle ist kohlehydratreiches Essen eine Belastung und sie stirbt ab.

Bevor eine Celle abstirbt, wird noch schnell eine Kopie gemacht und dann macht diese Kopie wieder eine Kopie von der Kopie, bis der Körper keine schöpferische Balance mehr hat, dann müssen wir sterben.

Die Mediziner machen uns „weiß", dass abgestorbene Cellen durch neue ersetzt werden! Schön wär's!

Das alles ändert sich, wenn mehr Daten aufgelöst werden. Dann brauchen wir weniger Kohlehydrate und die Cellen produzieren wunderbare Proteine für die SELBST-Erhaltung.

Die Cellen in ihrer Basis essen nicht …
sie erleben und bewegen das LEBEN!

Weil wir den Körper und seine Funktion nicht wirklich kennen, verachten wir ihn.

Mediziner glauben, dass sich unsere Cellen immer wieder erneuern …
Nein … es entstehen nur Kopien von den Kopien.
Nur bei der Geburt haben wir „Frischcellen".
Deshalb sehen Neugeborene so frisch, prall und rein aus, dass wir sie immer anfassen und knuddeln wollen.
Wir kennen unseren Körper nur in fehlerhafter An-atom-ie!
Die Medizin erkennt und sieht nur Störungen der Atome, nicht die schöpferische Basis des vollkommenen Menschen!
Wir nähren uns mit Ablenkung, Konsum – doch wenig Inhalt!

Vor meinem Autounfall habe ich selbst 31 Jahre dumpf vor mich hingelebt.
Danach habe ich mich auf meinen Weg gemacht und tief in meinen emotionalen Teufelskreislauf geschaut!
Ich habe die Datenbank der Ängste geöffnet und sie auf sensationelle Weise einfach aufgelöst.
Dadurch sehe und erlebe ich mich anders in meinem Körper!
Das macht wirklich Spaß und Freude.

Aus meinem großen Erfahrungsschatz habe ich diese komplett neue Form der Körperwahrnehmung kreiert – CELLNESS.

Kommunikation

Heute ist der Dativ dem Genitiv sein Tod!

Damit die Kluft zwischen Emotion und Wort nicht spürbar offensichtlich wird, erfinden wir Konstrukte, Ersatzteile und denken, wir schaffen mit Grammatik Inhalte.

Was heißt das eigentlich?

Wir umschreiben höflich, sagen nicht tatsächlich, was wir meinen, **benutzen Worthülsen**, komplizierte Grammatik und umständliche, perfekte Formulierungen!

Die Form ist vollendet, doch der Inhalt ohne lebendige Frequenz!

Es heißt: Am Anfang war das Wort …
und das Wort war bei Gott!

Der ursprünglich schöpferische Mensch lebte ohne Worte.

Er sendete emotional wie informativ auf einer Frequenz.

Das heißt, Inhalt und Emotion entsprachen sich 100 Prozent!

Je mehr der Körper Fleisch wurde, desto geringer wurde seine hochfrequente Wahrnehmungsfähigkeit.

Als die Differenz zwischen Emotion und Inhalt immer größer wird, spaltet sich die Wahrnehmung in Frequenz und Wort.

Ab jetzt verkleiden wir unsere Signale in Worte, gießen sie in eine Form und bauen Regeln.

Im Laufe der Evolution entsteht die Sprache.

Die inhaltliche Frequenz wird geringer, wodurch das Korsett, die Form, an Bedeutung gewinnt.

Formvollendet sprechen wir Worthülsen, und hoffentlich ersetzt die Höflichkeit den Inhalt!

Wir sagen Entschuldigung … wenn es Ihnen nichts ausmacht … würden Sie so freundlich sein … mir netterweise Ihren Platz frei machen … ich würde mich sehr freuen …!

Das „Danke" und „Bitte" tut Kleinkindern sehr weh, weil diese Frequenz ihre Schöpfer-Basis verletzt. Sie fühlen sich klein gemacht, weil sie noch ihre Vollkommenheit spüren, die Erwachsene verloren haben.

Aus Angst vor Verantwortung und Konsequenz verschleiern wir die Emotion des Wortes mit Grammatik, Ironie, Höflichkeit oder Intellekt.

So können wir stets das sogenannte „Unterbewusstsein" benutzen und sagen: „So habe ich das doch gar nicht gemeint!"

Oder: „Tut mir leid, das habe ich nicht gewollt!"

Oder: „Da haben Sie mich missverstanden … ich meinte doch nur …!"

So schützt sich jeder selbst und schont den anderen, indem keiner den Gesprächspartner beim WORT nimmt!

Doch emotional werden alle Gesprächspartner hoch belastet.

Wir empfinden oft das eine und sprechen das Gegenteil: Ich fühle mich schlecht, und als meine Nachbarin mich fragt, wie es mir geht, antworte ich: „Danke, mir geht's gut, und dir?"

Der Harlekin zeigt uns offen seine zwei Gesichter: Witz und Trauer, Spott und Unterwerfung, Lachen und Weinen in einer Frequenz!

Wir zeigen unsere Emotionen nicht offen, sondern sprechen „positiv", obwohl das Wort „negativ" unterlegt ist.

Das hört sich so an:

Wenn ich meinem Kind das dritte Mal sage, dass es das Messer auf den Tisch legen soll, werde ich emotionaler und sage: „**BITTE!** Caspar, leg sofort das Messer auf den Tisch!"

Das BITTE ist emotional mit Nachdruck unterlegt!!!

So wird dem Kind meine eigene aggressive Ladung eingeimpft.

Das nennen wir Erziehung!

Warum wundern wir uns heute über Gewalt, Drogen und Null-Bock-Mentalität? Heute sind Menschen ironisch, machen Witze, Comedyshows auf Kosten anderer und hoffen, dass keiner bemerkt, dass es in ihm selbst so aussieht!

Je besser die Comedy, desto größer die Resonanz!

So lebt jeder ständig in seinem eigenen Selbstbetrug!

In unserer perfekten Wohlstandsgesellschaft machen negative Emotionen Angst und werden so laut es geht unterdrückt, verlagert oder überspielt.

Positive Emotionen, die ins Bild passen, sind gern gesehen!

Jeder Sprachimpuls kommt aus der offenen Datei, dann wird er je nach Gesellschaftsform vom Computer-Gehirn gefiltert und dann erst ausgesprochen!

Doch manche Impulse unterlaufen diese Kontrolle und das gesprochene Wort entlarvt das „Unterbewusstsein".

Die Menschheit hat vergessen, dass jeder Mensch 100-prozentiger Aktionär seiner Datenbank ist!
Doch was ist der MENSCH heute noch WERT?
Hätte eine Aktie so wenig Wert wie der Mensch, würde sie nie an die Börse kommen, würde nie gekauft, weil sie keine Gewinne einbringt.
Warum geben wir Menschen Häusern, Autos, Markenkleidung, Prestige, Image, Familie, Kindern, Freunden, Freizeit … mehr Wert als uns SELBST?
So fahren wir keine Gewinne ein und werden lebenslang nach Inhalt und Sinn suchen!
Der MENSCH hat seine schöpferische Basis vergessen, die immer und ewig 100 Prozent vollkommen ist.
Mit CELLNESS werden Sie wieder an diesen Kern erinnert!

Mit der evolutionären Spaltung wurden mehr und mehr „Aktien" abgegeben und heute hat uns das „emotional Verdrängte" voll in der Hand.

Heute ist der Hauptaktionär im Leben das „Unterbewusstsein", es hält über 90 Prozent der Anteile unter Verschluss und uns in Angst gefangen!
Da nur noch ein paar Prozent des Menschen handlungsfähig sind, ist die Angst vor emotionaler Entgleisung groß.

Deshalb spricht keiner mehr spontan, sondern unterdrückt, überdenkt, filtert und korrigiert, was tatsächlich aus dem Mund kommen darf.

Alles wird vom Gehirn kontrolliert, damit wir nicht auffällig werden, damit es keine Peinlichkeiten gibt, damit die „Normalität" gewahrt bleibt.

Wortchemie

Ich habe den Code der Wortchemie entschlüsselt!

Heute mache ich Menschen bewusst, wie sie ihren Körper kommunikativ reinigen, entschlacken und entgiften.

Das belebt jede Celle, schafft eine neue Chemie im Körper und nimmt dem „Unterbewusstsein" die Macht über das Leben!

In Wahrheit kommt jedes Wort, jeder Gedanke aus der eigenen Datenbank, die wir „Unterbewusstsein" nennen!

Der Mensch stirbt und wird geboren.

Jedes Mal in der Hoffnung, dass der liebe Gott oder wer auch immer die alten Programme aus der eigenen Datenbank löscht.

Da kein Gott oder Erlöser Ihren persönlichen Code kennt und niemals den Safe Ihrer eigenen Datenbank knacken kann, kopiert sich Ihre Datenbank lebenslänglich und wird immer voller.

Jeder hat seine persönliche Codierung vergessen, versteckt oder verloren und weiß nicht mehr, wie er an die Daten des eigenen „Unterbewusstseins" kommt.

Heute tun wir so, als wäre dieser Verdrängungsmechanismus eine positive Eigenschaft. Wir verstecken unsere Emotionen immer neu und sterben am Ende „erbärmlich" an der Datenmasse.

Ich zeige Menschen seit Jahren, wie sie ihr eigenes „Unterbewusstsein" entschlüsseln und wie einfach die Daten mit „Wortchemie" erkannt und gelöscht werden.

Am Anfang ist diese Art der Wahrnehmung fremd.

Keiner will sein „Unterbewusstsein" hören, da keiner so sein will, wie er ist!

Der Mensch will immer anders sein, er will positiv sein, er will so sein wie die anderen.

Statt unser eigenes Leben, unsere Datenbank ansehen, schauen wir auf die anderen und bewerten sie für ihre Stärken und Schwächen.

Warum erkennen, hören und sehen wir nicht, dass meine Sicht aus meinen Augen sieht, dass mein Gedanke in meinem Hirn entsteht und jedes Wort aus meinem Munde kommt?
Meine BEwertung zeigt meinen Wert und jede BEurteilung ist mein Urteil!

Vor allem sind immer die anderen schuld, und überhaupt ist „das Leben der anderen" viel interessanter.

Jeder weiß immer, was der andere denkt, was er braucht, was er will und was gut für ihn ist.

Nur vor sich SELBST hat JEDER Angst!

Nun hat „Das Leben der Anderen" endlich einen Oscar!

Für mich ist dieser wunderbare Film Zeitgeist!

Keiner ahnt, dass das „Unterbewusstsein" genau wie die Stasi arbeitet, jede Celle kontrolliert und das Leben manipuliert.

Es jagt uns, macht uns leer, brennt uns aus, bis wir sterben.

Vergeuden Sie Ihr Leben nicht länger für andere!

Keinem Menschen ist bewusst, dass Worte und Gedanken immer emotionale Nahrung sind.

Resonanzgeschichten aus den Medien:

Während ich dieses Buch schreibe, stirbt Ulrich Mühe.

Ulrich Mühe brillierte immer wieder in den Rollen geheiminsvoller Charaktere.

Den Stasi-Offizier spielte er so authentisch, weil es sein eigenes Lebensthema war.

Bewusst hatte er sich einen feinfühligen, hochsensiblen Körper gebaut, damit sein „geheimnisvolles Unbewusstes" niemand sehen konnte.

Als Schauspieler durfte er seine „Talente" zeigen, doch er wusste nicht, dass er damit seine eigene verdrängte Datenmasse hochholte, die ihn später tötete.

Vor einem Jahr gab ich seinem Schauspielkollegen mein Buch „Paradiesvogel im Narrensystem", damit die hervorragenden Schauspieler diese Stasi-Geschichte verfilmen.

Ich hätte ihm gerne gezeigt, in welcher Falle er steckt, und wie er sich aus seiner Datenmasse hätte befreien können.

Hat ihn der Sog seiner emotionalen Datenmasse dahin gezwungen, dass er auch seine krebskranke Frau mit seinem eigenen Thema vor Gericht bringt? Laut Medien verlor er den Prozess und seine Frau starb.

Weil er seinen atomaren Zündstoff nicht los wurde, richteten sich seine offenstehenden Windows gegen ihn, implodierten in seinem Körper und auch er stirbt; nicht am Krebs, sondern an seiner emotional hochexplosiven Datenmasse.

Jeder Schauspieler brilliert nur in der Rolle, mit der er eine große Affinität in seiner Datenbank hat. Während der Schauspielerei öffnen sich die Windows der eigenen Datenbank aus dem „Unterbewusstsein" - das weiß nur keiner.

Jeder Schauspieler, genau wie jeder ZUschauer, sollte in Filmen sein eigenes Lebensthema erkennen und seine emotionale Datenbank auflösen. Auch unsere großen Schauspieler wußten das nicht, siehe Klaus Jürgen Wussow, Harald Juhnke, Marilyn Monroe, James Dean etc. – alle starben in ihrem Lebensdrama.

Schauspieler wirken mittelmäßig oder schlecht, wenn die Rollen nicht der eigenen Datenmasse entsprechen.

ZUschauer bewerten jeden Film nach ihrer eigenen Datenbank!

Die Schauspielerei ist ein genialer Beruf für die emotionale Darstellung der Datenbank und eine große Chance für die Auflösung.

Auch als ich vor Jahren in der Zeitung las, dass Anna Herzog gestorben ist, war ich erstaunt, wessen Ehefrau sie war.

Mir erzählt sie, wie sehr sie darunter leidet, dass ihr Mann nicht mit ihr in London lebt.

Sie kann keine drei Tage meinen Basis-Kurs besuchen, weil sie nicht weiß, wo sie in dieser Zeit ihre Kindern lassen soll.

Direkt nach ihrem Tod lese ich, dass ihr Mann mit seinen Kindern jetzt in London lebt.

Sieht so LIEBE aus?

Ich kenne Petra Schürmann schon lange und hörte vom plötzlichen Tod ihrer Tochter.

Warum stirbt diese glückliche Frau so kurz vor ihrer Hochzeit?

Auch wenn wir das nicht verstehen wollen, der Geisterfahrer – der Mörder muss mit der Datenbank des Opfers in Resonanz gewesen sein.

Welche Aktien hat die Mutter an diesem Drama, dass sie sich nicht von ihrer Trauer erholt, stattdessen im Leid ertrinkt.

So wird aus der einstigen Miss World eine gebrochene, stumme Frau.

Medien jeder Art überschwemmen uns mit Informationen, die kein Mensch für sich nutzt. Deshalb ersticken wir an Informationen. Wir konsumieren diese gigantischen Massen als emotionale Lebensmittel.

Würden wir diese emotionalen Trigger als Reinigung für die Datenbank nutzen, hätte das ganze Medienspektakel einen Sinn.

Damit würden wir unsere Umwelt reinigen und Platz für globalen Frieden schaffen.

Jedes gesprochene Wort entwickelt einen chemischen Prozess im Körper.

Da uns dies nicht bewusst ist und wir es auch nicht wahrnehmen, können uns die anderen mit ihrem Spam-Müll überschütten. Diese Chemie tut keinem Körper gut, sie verletzt.

Ungesundes, genmanipuliertes Essen oder Fast Food schaden dem Körper nicht so sehr wie diese Wortgranaten!

Unser körperliches Gewebe ist ein Gebilde unzähliger Emotionen, denn jede Lebenserfahrung ist mit emotionaler Masse gespeichert und wird im System, als Gewebe materialisiert.

Ich gebe Ihnen ein Bild dafür:

Sie gehen an den Computer.

Sie machen alle Programme, alle Windows auf, aktivieren Ihre gespeicherten Datenbänke, gehen mit dem ganzen Netzwerk Tag und Nacht online.

Irgendwann stürzt der Computer ab, weil er die gesamte Datenmasse nicht länger offen tragen kann.

Ähnlich reagiert unser Körper.

Er hält die Programme, die gespeiste atomare Datenmasse, nicht mehr aus, deshalb wurde der Trick vom „Unterbewusstsein" erfunden.

Doch wenn wir draußen in der globalen Welt mit Gewalt, Morden, Sprengstoff-Attentätern oder Hass konfrontiert werden, versagen die eigenen Kontrollen und Ihre Emotionen gehen mit dem Rest der Welt online.

Wir waschen und kämmen uns täglich, doch die Emotionen, die Programme in der Datenbank werden nie gereinigt!

Das ist brutal … warum hat uns das bis heute niemand gelehrt?

Wenn der Körper spinnt, schmerzt, Mängel aufweist, die emotionale Masse nicht mehr erträgt, weil er mit Spam-Müll überladen und überfordert ist, prügeln wir ihn aufs Neue.

Statt jetzt Verantwortung übernehmen, die Schreie des Körpers nutzen und die Emotionen entladen, trösten wir uns mit Alkohol, Medikamenten, Süchten und Drogen oder geben die Verantwortung unseres Lebens an den Arzt ab, der den Körper dann mit chemischen Kampfmitteln weiterprügelt.

Wenn das nicht reicht, setzen wir härtere Bandagen ein, betäuben uns mit Schmerzmitteln und OPs.

Warum wundern wir uns heute über die vielen Krankheiten, Süchte und Essstörungen?

Nette, liebe und meditative Charaktere schwingen in Resonanz mit Heilpraktikern und Heilern, die sie behandeln, damit die Sanftheit gewahrt bleibt.

Intellektuelle, pflichtbewusste Charaktere gehen auf Nummer sicher und begeben sich in Resonanz mit der Schulmedizin.

Am Schluss landen alle in der endgültigen Maschinerie. Requiem in pace – nur die Datenbank nicht!

Wir brauchen Re-Evolution,
damit die Emotion wieder mit dem gesprochenen Wort auf einer Welle frequentiert!

Dann wird wieder sauber gesendet und die vielen Missverständnisse weichen!

So wird aus täglichen Kleinkriegen menschliches Erleben in Freude.

Grammatik

nutzen wir als Konstrukt und Schutzmantel, damit die emotionalen Tatsachen nicht ans Tages-Licht kommen!

So sprechen Menschen miteinander:

Wenn ich **zu**höre, wie **un**zufrieden du bist, dann ist mir **zum** Heulen zumute.
   Wir gehören für immer und ewig **zu**sammen.
   „Zurück **zur Zu**versicht."
   Ich habe die Tür **zu**geschlossen.
   Ich bin **zu** Hause unzuverlässig.
   Wer so spricht, ist SELBST auf **zu** eingestellt und jede Körpercelle nimmt die Schwingung dieser Wortfrequenz wahr.
   Spüren Sie einmal bei sich selbst, wie der Körper **zu**ckt!
   Diese Sprache, jedes Wort, reflektiert die ZUgeschlossene Einstellung im Menschen!

Sprachhülsen bla … bla … bla …

Wenn ich Zeit habe, komme ich morgen bei dir vorbei.
   Ich würde gerne mit dir essen gehen, wenn es dir passen würde.
   Wenn ich nicht genau wüsste, dass du mich angelogen hast, dann würde ich dich verlassen.
   Wenn ich die Zeit und das Geld hätte, würde ich eine Weltreise machen.
   Diese Menschen betrügen sich nicht nur selber, sondern alle, die sich das anhören, gleich mit.

Das **ER** dient als Träger
   Ich **er**zähle dir eine Geschichte.
   Ich **er**trage die Last der Familie nicht mehr.
   Ich **er**lebe jeden Morgen den Sonnenaufgang.
   Gestern habe ich eine schreckliche Situation **er**lebt.

Wenn das **er** bewusst betont wird, hat das Wort Kraft.

Das **BE** wirkt fremdbestimmt.
Ich habe meinen Freund **be**nutzt, damit ich einen günstigeren Preis bekomme.
   Der Arzt soll mich **be**handeln.
   Das kann ich gar nicht **be**greifen.
   Mein Mann **be**urteilt mich nach anderen Frauen.

Die Betonung auf das **be** steht für die eigene Passivität.

Das **VER** schluckt und verreißt das Folgewort
   Das Gericht hat den Mörder **ver**urteilt.
   Die Mutter **ver**gleicht ihre Kinder mit anderen Kindern.
   Ich sage dir ein Geheimnis im **Ver**trauen.
   Ich **ver**bünde mich mit meinem Nachbarn.
   Beim **Ver**lieben sind Schmetterlinge im Bauch.

Dialoge:

Ihr Nachbar sagt Ihnen:

„Parken Sie nicht so nah an meinem Grundstück!

Passen Sie besser auf Ihre Kinder auf, die mittags laut im Garten spielen!

Sie haben sich aber heute schön gemacht!

Wie geht es Ihrer kranken Mutter?

Dieses Jahr haben Sie aber wunderschöne Blumen gepflanzt!

Kommen Sie nächstes Wochenende mit auf das Sommerfest?"

Jede kommunikative Unterlegung eines Kompliments oder einer Bösartigkeit ist die jeweils offene Emotion ihres Nachbarn.

Sie waren gar nicht gemeint.

Der Nachbar nutzt Sie soZUsagen als Mülleimer, damit er seinen „unbewussten" emotionalen Druck los wird, da bei ihm ZU viele Windows offen stehen!

Jede banale Sprachhülse, jedes Palaver sind Langweile im eigenen System.

Jede Diskussion ist verlorene Zeit, weil jeder nur dem anderen seine Meinung als Wahrheit klar machen will.

Bei keinem Gespräch geht es um die Sache: Es geht immer nur um die Emotion – Munition!

Die andere Variante ist, dass er nichts sagt, alle Emotionen heimlich in sich hineinfrisst, immer lieb, angepasst und freundlich ist, obwohl ihm die Galle bis zum Hals steht.

Diese Menschen leben ihre Munition – ihren emotionalen Ballast – in Form von Depressionen oder Krankheiten aus.

Aktion und Re-Aktion finden immer auf der gleichen Frequenz statt!

Es kann Sie keine Emotion erreichen, wenn Sie nicht „unbewusst" auf der gleichen Frequenz online sind!

Der Chef kündigt Ihnen Ihren Job …

Ist die Reaktion Ihre Emotion oder die des Chefs?
Oder er lobt Sie für den großen Auftrag …
Ist das Ihre Freude oder die des Chefs?

Sie gehen durch den Supermarkt und jemand fährt Ihnen mit dem Einkaufswagen über die Füße.
Sie erschrecken sich und brüllen: „Sie Idiot, können Sie nicht aufpassen?"
Oder … Sie sind ein höflicher Mensch und denken: „Na ja …!"
Egal wie Sie reagieren, Ihr Körper wird in diesem kleinen Augenblick mit der Munition – Emotion des anderen gefüttert.

Ihre Frau hat seit Wochen keine Lust auf Sex …
Ist das Ihr Frust oder der Ihrer Frau?
Vielleicht erträgt sie nicht länger Ihre emotionale Entladung.
Sie fühlt instinktiv, dass sie nicht für Ihren Überdruck **be**nutzt werden will.
Umgekehrt ist es das Gleiche!
Ihre Frau hat Lust und Sie entziehen sich durch Arbeit, Beschäftigung, Sportschau, Vereine etc.
Sie sucht Schutz, Nähe, Halt, will etwas von Ihnen und **be**nutzt Sie als Trostpflaster.
Weil Sie das intuitiv fühlen, müssen Sie sich entziehen, viel arbeiten, damit Sie sich nicht noch mehr **ver**lieren.
Oder wollen Sie Ihr nicht sagen, dass Sie nicht mehr an ihr interessiert sind?
Sie wollen sie nicht kränken und sie nicht **ver**letzen!
Weil keiner den anderen **ver**letzen will, wird heimlich auf beiden Datenkonten die **Ver**letzung gebucht und damit **ver**vielfältigt.
Doch bei nächster Gelegenheit knallt's.
Wie sehr Sie sich SELBST damit **ver**letzen und dass die **Ver**letzung auf Ihrem Datenkonto abgebucht wird, merken Sie gar nicht!

Niemand darf Sie so **be**handeln, wie Sie das Ihren Liebsten erlauben!

Wir reden von LIEBE – doch in Wahrheit erleben wir NUR die eigene Datenbank!

Das Wort LIEBE wird immer missverstanden und mit Erwartungen, Bedingungen, NICHT-Alleinsein verwechselt.

Der Ursprung der LIEBE ist das eigene LEBEN, ist die Erfüllung in sich SELBST.

Im Namen der LIEBE

wird in brutalster Form gestritten, beleidigt, gelogen, betrogen, gekränkt, verletzt, gehasst, sogar gemordet!

Selbst Komplimente, zärtliche Verführungen und Liebesfreuden haben ihren Preis!

Wonach suchen wir?

Warum ist Liebe so wichtig?

Alle suchen die Liebe bei anderen, doch wenn wir sie gefunden haben, haben wir Angst, dass sie uns wieder abhanden kommt.

Irgendwie wird immer um Anerkennung, Aufmerksamkeit gebuhlt und jeder kämpft um seinen Platz!

Diese Art der Liebe lebt immer in Angst und VER-Lust!

NUR die LIEBE durch sich SELBST ist und bleibt für immer.

Diese LIEBE ist für immer und ewig „unsterblich"!

Denn in Wahrheit verlieben Sie sich nicht in den Mann oder in die Frau. Sie sehen beim Verlieben Ihre eigene Datenbank, deshalb diese rosarote Brille am Anfang.

Sie sind so erfreut, dass der Schlüssel Ihrer eigenen Datenbank vor Ihnen steht, und wollen ihn nie mehr hergeben.

Erst wenn die rosarote Brille fällt, weil keiner die Daten des anderen nutzt, fliegen die Fetzen. Das macht unglücklich, und scheiden tut weh.

Weder Eltern, Pfarrer noch Lehrer kennen den Code. Keiner hat uns gelehrt, dass wir die Dateien auflösen müssen!

Jesus ist der einzige Mensch, der uns das vorgelebt und gelehrt hat!

Er hat sein Leben geliebt und diese LIEBE den Menschen gezeigt.

Jetzt feiern wir jährlich seine Geburt und seine Auferstehung, doch die Taten in seinem Sinne fehlen.

Deshalb erleben wir die „unendliche LIEBE" nicht!

Der Schlüssel für eine schöne, erfüllte Liebe und Familie liegt versteckt im „Unterbewusstsein".

Ich reiche Ihnen diesen Schlüssel, damit Sie IHRE LIEBE wiederfinden.

Wenn am Baum IHRER Erkenntnis paradiesische Früchte gedeihen und keine Ängste hängen, ernten Sie in der zwischenmenschlichen LIEBE wieder Freude statt Abrechnungen!

VER-Lust-Ängste weichen und keiner muss sich mehr anstrengen, dass er nicht ausgetauscht wird!

Noch einmal:

Sie sprechen **nie** bewusst, weil Sie **nie** hören, was Sie sagen!

Ihre Worte merken Sie erst an der emotionalen Reaktion der anderen.

Wir essen und genießen, fühlen uns emotional rundherum befriedigt, doch in Wahrheit ist NUR das System genährt – nicht die Basis Celle!

Die tägliche emotionale Nahrung durch Kommunikation ist der wirkliche Dick-, Krank- und Depressivmacher!

Jedes Wort – jedes Gefühl – jeder Gedanke setzt Emotionen frei, die der Körper als Nahrung aufnimmt und chemisch im System umsetzen muss.

Seit vielen Jahren mache ich Menschen bewusst, wie jedes Wort und jeder Gedanke auf den Körper wirken.

Ich beobachte, wie schwer sich Menschen tun, bis sie ihre Emotionen offenlegen.

Doch wenn ich ihnen von meiner Forschung der „Wortchemie" erzähle und sie auffordere, einen Satz so lange sprechen, bis sie ihn „wirklich" hören, dann versagt das System komplett.

Ich spreche oft sehr deutlich, weil ich immer erst durch alle Schichten dringen muss, damit überhaupt **gehört** wird.

Meistens **denken** die einen, was die anderen gesagt haben.

Manchmal sind diese Menschen sehr krank, und wenn ich sie provokant frage, warum sie lieber vollgepumpt mit Chemotherapie verstrahlt an ihrem Müll krepieren wollen, statt sich emotional reinigen, erschrecken sie und weinen.

Mit meiner „deutlichen" Art erkennen sie erst, wo sie wirklich stehen!

Spätestens hier an diesem Punkt erkennt jeder, dass er komplett „unbewusst" spricht und lebt!

Ich erzähle ihnen, dass ihre Sprache, jedes Wort und jeder Gedanke dem „Unterbewusstsein" entspringen und dass sie mit dem Hören Verantwortung für das Gesprochene übernehmen.

Bewusstes Sprechen reinigt Emotionen!

Das macht frei und die Cellen jubeln.

Es ist wirklich einfacher, auf dem Mond landen, als Verantwortung für sein Hören und Tun übernehmen!

Warum ist das so?

Warum hat jeder so eine große Angst vor sich SELBST?

Warum hört sich keiner?

Warum sieht sich keiner?

Warum erkennt sich keiner?

Wir hören den anderen sprechen.

Wir sehen die anderen.

Wir erkennen die anderen.

Wir leben das Leben der anderen!
Doch vor der eigenen Tür machen wir immer halt!

Wovor haben wir Angst?

Was ist da in uns, das uns so benebelt?
Wie fremdbestimmt leben wir, dass wir uns nicht mehr wahrnehmen?
Was hat der Mensch sich angetan, dass er sich klein macht und sein Ego –
seinen emotionalen Schatten – so aufplustert?
Fragen über Fragen, und selbst die Wissenschaft des 21. Jahrhunderts hat
keine Antwort!

Jedes Essen, jede Nahrung, Vitamine, Mineralien und Spurenelemente sind in Wirklichkeit nur Kosmetik für den Körper, Basis Cell-Nahrung ist das nicht!

Egal, wie gesund Sie sich ernähren, jeder Nahrungsstoff wird nach der vorhandenen emotionalen Chemie ausgewertet.

Es gibt Menschen, die sehr gesund essen, nicht rauchen, keinen Alkohol trinken, guten Sex haben, genügend schlafen, die einen Partner lieben, der sie auch liebt, und doch werden sie krank, haben Allergien, Stoffwechselstörungen, Thrombose, Herzinfarkte, sogar Krebs.
Verstehen Sie das?

Wir müssen uns intensiver mit dem Körper, mit dem Menschen allgemein und mit der Datenvernetzung beschäftigen, damit dieses WUNDERWERK entschlüsselt wird und Sie endlich ein erfülltes Leben leben!

**Früher erzogen Eltern ihre Kinder,
heute erziehen Kinder ihre Eltern!**

Kinder sind gut für Ausreden, werden als Plage gesehen, als Trostpflaster benutzt oder als Puffer in der Ehe!

Irgendwie geht es immer nur um Emotionen in der Familie.
Kinder werden unmündig und dumm gehalten, weil sie von den Erwachsenen nicht als vollwertige Menschen angesehen werden.
Nur selten geht es um das Kind – um dieses vollkommene schöpferische Wesen!
Die schöpferische Basis des Menschen wird Kindern komplett abgesprochen, doch die Schöpfung kennt kein Alter!
Die zwischenmenschlichen Kriegsschauplätze in der Familie sind inzwischen für alle unerträglich, da helfen auch keine Super-Nannys oder Kinderpsychologen.
Keiner von denen geht an den emotionalen Zündstoff, der die Ursache allen Übels ist!

Jeder hat Angst vor dem anderen, weil wir die Emotionen gegen den anderen verwenden und ihn damit verletzen.

Jede Entgleisung verletzt den anderen, deshalb ist es gefährlich, den Emotionen freien Lauf lassen.

Den emotionalen Zündstoff reinigen erfüllt, und jeder fühlt sich wohl!

Unsere sensiblen Kleinen sind nicht übergewichtig vom Essen, sondern von den ungefilterten Emotionen, die sie täglich serviert bekommen.

Warum essen alternativ orientierte Menschen anders als Business-Menschen?

Warum fühlen wir uns nach einem genüsslichen Dinner mit fünf Gängen auch nicht glücklicher?

Warum verdauen wir einige Dinge schlechter als andere?

Warum hat jeder Mensch einen unterschiedlichen Geschmackssinn?

Warum essen verliebte Menschen weniger als Frustrierte oder Aggressive?

Warum haben einige immer Hunger und andere müssen sich zum Essen quälen?

Warum geben wir dem Essen viel mehr Bedeutung als dem Leben?

Warum hat die „Dritte Welt" Hunger und wir leben im Überfluss?

Warum beschäftigen sich Hausfrauen mehr mit dem Essen der Familie statt mit ihrem eigenen Körper?

Weder Ernährungslehren oder Wissenschaft machen uns bewusst, dass nicht die Celle nach Nahrung schreit, sondern nur die Programme Essen fordern.

Die Antwort auf alle Fragen ist:

Jede Art von Essen ist immer mit Emotionen verbunden.

Da jeder Mensch andere Windows offen hat, zieht er genau in Resonanz die Nahrung an, die er für das Stillen seiner Programme braucht. Deswegen hat jede Nation eine eigene Esskultur.

Weil wir keine Programme löschen, bleiben wir in der Gewohnheit hängen und essen immer das Gleiche! – nach Trends.

Wer sich immer im gleichen Zyklus, im gleichen emotionalen Umfeld bewegt, das Gleiche isst, bekommt einen trägen Stoffwechsel und ein noch trägeres Leben.

Am Ende wundern sich genau diese Menschen, warum sie immer fetter werden.

Wir müssen endlich über den Tellerrand schauen, damit das unerträgliche „Überleben" ein wunderschönes Erleben wird!

CELLNESS handelt immer aus der Basis Celle!

Anatomie sieht den Mensch aus der atomaren Störung heraus, kennt Risiken und Nebenwirkungen, erstellt Diagnosen, gibt Medikamente mit warnenden Beipackzetteln.

Und wenn das alles nicht reicht und der atomare Zündstoff weiterhin zündelt, entfernt der Chirurg den Stoff mit dem Skapell „ana-tomos" – „ich schneide".

Mediziner dürfen nach hypokratischem Eid NUR Atome behandeln, nie das LEBEN, weil das immer und ewig vollkommen ist!

CELLNESS gibt es nicht beim Arzt oder in der Apotheke, es ist keine Psychologie oder Therapie!
CELLNESS frequentiert im Schöpfergeist!

Weder die Hightech-Medizin noch Perfektion oder Intelligenz bekommen den penetranten, hochexplosiven Zündstoff-Zeitgeist in den Griff.

Dieser „Geist" mit seinen kriegerischen Emotionen steckt „unbewusst" in jedem Menschen.

Auch Emotionen aus Politik, Wirtschaft, sozialen Netzen, Familien- und Lebenskrisen reaktivieren Munition in der Celle und schüren Zündstoff.

Weil wir diesen Zündstoff nicht mehr wahrnehmen, können wir ihn auch nicht nutzen und auflösen.
So wird unser emotionaler Spam Müll durch das moderne Global-Netz billiardenfach potenziert.

CELLNESS bringt Sie in die Wahrnehmung, damit Sie Ihren Zündstoff nutzen und auflösen!

Mit CELLNESS befreien Sie sich von Ihren Zündstoff-Ängsten!

Die Basis Nahrung einer jeden Celle ist lebendiges Eiweiß!
Wir aber ernähren uns mit Emotionen, Denken, Sprechen, Essen.

Diese Völlerei ist keine Basis-Nahrung, deshalb stirbt die Celle ab!

Die Stammcellinformation wird neu kopiert, kopiert, kopiert … deshalb altert der Mensch.

Weil der Ursprung des Menschen nicht aus stofflicher Materie besteht, sondern reiner Schöpfergeist ist, sucht der Körper lebenslänglich nach seinesgleichen.

Die Basis Celle im Körper selbst braucht keine Nahrung, die Verbrennungsmaschine, das Chemiewerk im Körper braucht Kraftstoff, damit alles angetrieben wird und funktioniert!

Es gibt nur zwei Eiweißformen, die der lebendigen Eiweißcelle gleichen: Spermien und Hühnereiweiß!
Unsere heutigen Eiweiße sowie Proteinnahrung sind nur künstliche Proteinketten und keine lebendigen Eiweißträger!

LEBEN nährt sich NUR aus lebendigem Protein!

Harry Potter verführt und begeistert uns mit seinem Zauber.

Was fasziniert Alt und Jung so daran?
    Erinnern uns seine Geschichten an unseren eigenen Zauber,
    den wir im Laufe des Lebens verloren haben?
    Sehnsuchtsvoll warten wir auf den nächsten Harry Potter,
    statt den eigenen Zauber wieder lebendig machen.

Der Zauber wohnt in jedem MENSCHEN!
    Die Entschlüsselung des Lebens ist das ganze Geheimnis.
    Und Ihre Cell-Intelligenz ist der Schlüssel, damit Sie Ihren Zauber
    ER-leben.

Jeder sehnt sich nach einem Körper, in dem er sich wohlfühlt und angekommen ist.
    Doch emotional sieht es meistens anders aus.
    Woher kommt es, dass wir uns für einen schönen Körper so anstrengen müssen, nur weil es der Konsum-Markt-Wert so vorgibt?
    Die Anbieter spüren den großen Selbst-Wert-Mangel und in Resonanz spielen sie mit uns Marionette.
    Die, die den Mangel erkennen, sind immer spielführend.
    Also muß jeder Mensch seinen emotionalen Mangel beheben, damit der Mensch wieder selbst sein Spiel bestimmt und Hauptdarsteller seines Lebens wird.
    Das ist wahrer „SELBST-Wert".

Solange wir den Diktaten folgen, die da sind:
    Diäten,
    Hungern,
    Ess-Verbote,
    Kalorien zählen,
    Ballaststoffe errechnen,
    Gewicht kontrollieren,
    brauchen wir immer mehr Genuss, exotische Köstlichkeiten, Wellness, Fitness.

Der grenzenlose Schönheitswahn führt immer in die Sackgasse!

Andere suchen Götter und meditative Beruhigung, nehmen Drogen oder werden gewalttätig.

Immer werden Emotionen verkauft …

und immer fehlt es an Basis-Qualität!

Der Unterschied von Anatomie und CELLNESS

CELLNESS sieht den Menschen als Schöpfer-Wesen in vollkommener Basis Celle.

Anatomie sieht den Menschen als materielles Wesen!

In der Anatomie geht es nicht mehr um den Schöpfergeist, sondern um atomare Störungen, die auf den organischen Körper begrenzt sind.

Jeder Mensch hat einen Hirnstamm, einen Mikrochip, auf dem alle Daten des ewigen Lebens abgespeichert sind.

Dieser Punkt ist selbst für die Medizin unantastbar!

Wir können heute alles operieren, haben für jedes Organ ein Ersatzteil, können vom Mann zur Frau werden.

Schmerzen werden raffiniert betäubt. Impfungen, Chemo oder Bestrahlungen sind heute selbstverständliche Behandlungsformen.

Gegen jeden Schmerz ist ein Kraut gewachsen.

Für mich sind Schmerzen sinnvoll, da ich nur so begreife, in welcher Gefahr mein Körper ist. Auch diese Warnsignale betäuben und ignorieren wir medikamentös, anstatt den Körper vom emotionalen Zündstoff befreien.

Wir sind Weltklasse in der Pharmaforschung und im Konsumieren, dieser Rausch ist gigantisch, doch das Leben fehlt!

Wie schade, dass wir uns alle so an die Betäubung gewöhnt haben und die Verantwortung für unseren Körper restlos abgeben.

Wir fühlen unser schönes Leben nicht mehr!

Wir betreiben perfekte Schönheitschirurgie, doch glücklicher und schöner ist keiner, solange wir nicht den emotionalen Stoff auflösen!

Es wird Fett abgesaugt, doch keine Maschine saugt die fett machenden Emotionen ab!

Magenringe kontrollieren die NahrungsZUfuhr, doch keiner weiß, dass die Gefahr aus dem emotional verstopften „Unterbewusstsein" kommt.

Genmanipulation kann LEBEN nicht manipulieren!

Zeitgeist

Menschen haben Angst vor Nähe, vor Kontakt und fürchten, dass das „Unbewusste" emotional entgleist.

Wir leben virtuell und in Angst gefangen!

Dieses virtuelle Leben findet an der Sex-Hotline, im Chatroom statt. Auch die Kids kaufen sich Computerspiele, die mit ihrer eigenen Datenbank online sind.

Wir bauen uns Internet-Welten, Second Life ist für Jung und Alt ein Ersatzleben, damit wir uns nicht mit der realen Welt auseinandersetzen müssen.

Oh weh, wie muss es in ihnen aussehen, wie groß muss der emotionale Druck sein, dass sie sich so betäuben und auf ihr schönes Leben verzichten?

Keiner ahnt, dass wir im Netz immer mit der emotionalen Datenmasse aller Menschen online sind.

Das Internet sollte als Informationsplattform genutzt werden.

Doch wir haben daraus eine emotionale Spam-Müll-Plattform gemacht.

Weil sich heute in diesem Äther billiardenfach Emotionen potenzieren, gleicht diese Frequenz einer globalen Atombombe!

Den Menschen macht das immer unberechenbarer und aggressiver.

Die wahre Realität fehlt überall!

Schönreden und Schöndenken ist angesagt!

Egal, wie raffiniert und intelligent Sie Ihren emotionalen Müll verdrängen, jeder erkennt Ihr Versteckspiel, aber keiner sagt es!

Schön alles unter der Bettdecke der LIEBE oder der FAMILIE verstecken, damit wir unser Gesicht nicht verlieren und unsere „Komfortzonen" nicht aufgeben müssen.

Selbstmordattentäter zeigen ihre aggressiven Emotionen öffentlich, doch diese Art und Weise ist *nicht im Sinne der Schöpfung*!

Statt ihre Emotionen bei sich auflösen, schmettern sie auf brutalste Weise den eigenen Zündstoff, hübsch verpackt in Glaubenssätze, gegen die ganze Welt.

Das jagt uns Angst und Schrecken ein, dann regen wir uns auf, doch merken dabei gar nicht, dass wir mit diesen „Verwirrten" schon längst online sind, emotional in Resonanz stehen.
Wäre unser „Unterbewusstsein" frei von Aggressivität, würden wir ihnen nicht „diese Aufmerksamkeit" geben!
Sie hätten ihre Macht über uns längst verloren, wenn jeder Mensch seine verdrängten Aggressionen auflösen würde. Damit wäre ihr Handeln sinnlos und sie würden aufhören!

Die Medien kennen uns gut und wissen immer, welches emotionale Futter wir brauchen, damit unser emotionaler „Teufelskreis" wie gewohnt in Bewegung bleibt.

Jeder muss seine eigene SICHERheit wiederfinden …
So einfach ist das, Herr Schäuble!

Andere Menschen tragen ihren emotionalen Munitionsgürtel versteckt unter der Haut. Einige leiden darunter, andere nicht.
Öffentlich zeigen diese Menschen ihre Aggressionen mit ihrem Übergewicht. Wenn Schlanke sich darüber aufregen, sind sie in Resonanz.
In Wahrheit sind die Dicken nicht schlechter …die Schlanken nicht besser … sie sind NUR emotional online!
Indem sich ein Schlanker über einen Übergewichtigen aufregt, ist er in diesem Moment „unbewusst" online mit seinem eigenen Fett.
Das hatte der Schlanke bis jetzt erfolgreich verdrängt, und der Übergewichtige ist ein Geschenk für den Schlanken, weil er jetzt endlich seine Emotionen auflösen kann.

Geschenke sind hier nicht immer schön. Die Lösung ist das Geschenk!

Kranke Menschen haben Macht und zeigen dies in ihrer Hilflosigkeit. Sie lassen ihre „unbewussten" Emotionen einfach explodieren und wissen gar nicht, dass es ihr eigener Körper ist, den sie da erleben.

Wofür sollen sie auch Verantwortung tragen, wo sie doch gesellschaftlich und sozial bestens gebettet und gut aufgehoben sind.

Unsere kranke Gesundheitsreform nutzt dem emotional vollgepumpten Körper nichts, der will NUR noch sterben!

Die moderne Wissenschaft behauptet noch 2007, dass das ICH seinen Sitz im Gehirn hat.
   Das ist für mich traurig und brutal!

Für die Forschung und Wissenschaft sind die Programme heute noch interessanter als der Kern, der schöpferische Mensch!

CELLNESS-Praxis

Die CELLNESS-Praxis ist unbeschreiblich einfach im Erleben!

CELLNESS ist eine neue Lebensart, die den Menschen wieder so wertvoll macht, wie es ihm nach seiner Herkunft gebührt!

Hier wird der Ursprung – die Basis Celle – gesehen und die Körperbasis, die Cell-Intelligenz, genutzt!

CELLNESS kommt immer direkt auf den Punkt und holt das Verdrängte ans Tageslicht, damit keiner länger leiden muss!

Dieses LEBEN ist keine KRANKHEIT – kennt kein Leid!

Mein Interesse ist es, dass sich Ihr Körper mit CELLNESS auf einfache Weise emotional reinigt, entschlackt und der Stress sich löst.

Ein schöner, straffer, schlanker Körper stellt sich von alleine wieder ein!

Jedes Baby braucht eine Ordnung, damit sich der Stoffwechsel in dem kleinen Körper aufbaut.

In den ersten Jahren wird fast fanatisch drauf geachtet, dass in geregelten Zeiten gegessen wird.

Später wird das lockerer gesehen und immer früher verliert sich diese Ordnung im Körper.

Unseren Konsumrausch müssten wir emotional nutzen, statt uns davon stressen und erschlagen lassen.

Die vielen Angebote für Freizeit und Urlaub nutzen Sie mit CELLNESS für ihre emotionale Auflösung!

Unsere Austauschmentalität ist erschreckend. Ratzfatz kann alles weg sein!

Heute haben Sie gekündigt, am nächsten Tag sitzt bereits ein anderer an Ihrem Platz – als wären Sie nie da gewesen!

Auch das ist NUR Resonanz, damit Sie erkennen, wie Sie sich selbst behandeln!
Alle sind abhängig vom emotionalen Stoff anderer.
Dieses Theater ist „das tägliche emotionale Brot", womit der Körper gemästet wird und alles ertragen muss!

Der CELLNESS Plan bringt Ihnen Ihren Körper näher, damit Sie nicht länger alles Emotionale in sich hineinfressen.

Bis heute glauben wir, dass die herkömmliche Nahrung, die Gene, das Erbgut verantwortlich für Übergewicht, Krankheit, Schmerzen sind.
Während meiner Forschung erkannte ich immer wieder bei Jung und Alt, Krank und Gesund, dass die geballten Emotionen im „Unbewussten" die Ursache allen Übels sind!
Wenn Menschen diese mit CELLNESS offengelegt und gereinigt haben, ändert sich der Stoffwechsel, die Haut wird schöner und klarer, der Körper lebt wieder auf, Leid und Schmerz lösen sich.

Das geschieht nicht in langwierigen Prozessen, sondern im Augenblick des Erlebens!

Kein Mensch hat eine Vorstellung davon, welche Masse an emotionaler Munition im „Unterbewusstsein" lagert, und jede Celle im Körper muss diesen Krieg täglich ertragen.

CELLNESS ist ein wunderschönes Friedensangebot an den Menschen!

Der Glaube an das SELBST wächst!
Der CELLNESS-Plan basiert dreidimensional, ist nicht beschreibbar – nur erlebbar!

Dieses Buch gibt Ihnen Impulse, doch ERLEBEN müssen Sie CELLNESS SELBST, weil jeder einen anderen Emotional-Puls hat.

Mit der CELLNESS-Einführung beginnt Ihr persönliches CELLNESS.

An diesem Tag wird der Emotional-Puls vom „Unterbewusstsein" gemessen und der Plan erstellt.

CELLNESS-Walken

Wir verwechseln Fettverbrennung mit Kalorienverbrennung und Körperwahrnehmung mit Anstrengung!

Mit „CELLNESS-Walken" habe ich eine sinnvolle Art entwickelt, mit der Ihre Billiarden Cellen durchgewalkt werden.

Nebenher wird genüsslich Fett verbrannt und die Gelenkflüssigkeit wieder aktiviert.

Der gesamte Rumpf wird stabilisiert, das schafft eine aufrechte Haltung!

Alle Organe sind relaxed und der Körper wird intensiver wahrgenommen, da die Organe jetzt alles für sich nutzen und nichts nach außen abgeben müssen.

CELLNESS-Walken aktiviert das Emotional-Feuer, welches Fettdepots, Übergewicht, Cellulite zum Schmelzen bringt.

Genauso erfolgreich wirkt dieses Feuer bei Ablagerungen und Krankheiten.

Wir behandeln unseren Körper wie eine schlecht dotierte Aktie. Wir erwarten viel, schütten nur aus, doch fahren keine Gewinne ein, und wenn, dann fehlt der Mehr-WERT!

Stehen Krankheiten deshalb so hoch im Kurs?

Ist das der Gewinn, den wir einfahren wollen?

Das CELLNESS-Walken wirkt wie ein Zauber, verblüfft in seiner Einfachheit mit großartiger Wirkung!

Das ist unbeschreiblich schön …

Erleben Sie **CELLNESS-Walken** selbst!

Es gibt einen 3-Tage-Basis-Kurs, der die faszinierendste Erfahrung Ihres Lebens werden wird!

Weil Sie hier den Schlüssel für ihr eigenes „Unterbewusstsein" bekommen.

Das gibt Ihnen die Möglichkeit, Ihren Körper in nur drei Tagen emotional – wie mit einem Hochdruckreiniger – reinigen.

Bis heute waren Emotionen gefährlich, doch indem Sie den Safe Ihres „Unterbewusstseins" mit mir öffnen und die verdrängten Emotionen herausholen und anschauen, machen Emotionen statt Angst pure Freude.

Das eröffnet Ihnen eine gigantische Lebens-Perspektive, Sie fühlen sich wie neugeboren und erleben Ihre längst verloren geglaubte Kraft wieder.

Sie lernen, wie Sie mit Emotionen umgehen, wie diese im Alltag aufgelöst werden, und das fühlt sich wie ein komplett neues LEBEN an.

Auch Ihren Beruf, Ihre Familie, Ihre Partnerschaft sehen Sie mit anderen Augen, weil Sie SELBST mit LEBEN erfüllt sind!

Diese Tiefenreinigung gleicht Sie emotional aus und Ihr Leben fühlt sich rundherum wohl an!

Diese dreidimensionale LEBENS-Art bringt die 180-Grad-Wende in ihr LEBEN!

Dieses Buch ist nicht nur Futter für den Kopf! Lesen Sie es mehrfach, damit CELLNESS in Ihren Cellen wirkt.

KONTAKT

Re-Light Form GmbH
Postfach 511032
50946 Köln

Telefon: +49 221 487760
              +49 221 4844802

Fax: +49 221 4889000

Email: info@re-light-form.de *elisa-dorandt-akademie.com*

www.re-light-form.de *elisa-dorandt-akademie.com*

Weitere Bücher der Autorin:

leben & lieben
Die größte Emotion der Welt ist die „Liebe"

leben Körper e-mail

leben Paradiesvogel im Narrensystem

leben Vulkan der Gefühle

leben Ich hatte Angst …

Re-Light „Promotion"

Diese Bücher bestellen Sie im Re-Light-Shop!